珍藏本
纪念版

汉译世界学术名著丛书

《人权与公民权利宣言》——现代宪法史论

〔德〕格奥尔格·耶里内克 著

李锦辉 译

SINCE 1897 商务印书馆 The Commercial Press

2017年·北京

Georg Jellinek
THE DECLARATION OF THE RIGHTS OF MAN AND OF CITIZENS
A Contribution to Modern Constitutional History
The Henry Holt and Company Press,1901
本书根据 Henry Holt and Company 出版社 1901 年版译出。

汉译世界学术名著丛书
（120 年纪念版·珍藏本）
出 版 说 明

2017 年 2 月 11 日，商务印书馆迎来 120 岁的生日。120 年前，商务印书馆前贤怀揣文化救国的理想，抱持“昌明教育，开启民智”的使命，立足本土，放眼寰宇，以出版为津梁，沟通中西，为中国、为世界提供最富智慧的思想文化成果。无论世事白云苍狗，潮流左右激荡，甚至战火硝烟弥漫，始终践行学术报国之志，无改初心。

迻译世界各国学术名著，即其一端。早在 20 世纪初年便出版《原富》《天演论》等影响至今的代表性著作，1950 年代后更致力于外国哲学和社会科学经典的译介，及至 1980 年代，辑为“汉译世界学术名著丛书”，汇涓为流，蔚为大观。丛书自 1981 年开始出版，历时三十余年，迄今已推出七百种，是我国现代出版史上规模最大、最为重要的学术翻译工程。

丛书所选之书，立场观点不囿于一派，学科领域不限于一门，皆为文明开启以来，各时代、各国家、各民族的思想与文化精粹，代表着人类已经到达过的精神境界。丛书系统译介世界学术经典，引领时代思想，为本土原创学术的发展提供丰富的文化滋养，为推动中国现代学术和现代化进程做出了突出的贡献。

为纪念商务印书馆成立120周年，我们整体推出“汉译世界学术名著丛书”120年纪念版的珍藏本，寄望既利于文化积累，又便于研读查考，同时向长期支持丛书出版的译者、编者和读者致以敬意。

两甲子后的今天，商务印书馆又站在了一个新的历史时间节点上。我们不仅要铭记先辈的身影和足迹，更须让我们的步伐充满新的时代精神。这是商务人代代相传的事业，更是与国家和民族的命运始终紧密相连的事业。我们责无旁贷，必须做好我们这代人的传承与创造，让我们的努力和成果不仅凝聚成民族文化的记忆，还能成为后来人可以接续的事业。唯此，才能不负前贤，无愧来者。

商务印书馆编辑部

2017年10月

译　序

犹太裔著名公法学家格奥尔格·耶里内克(Georg Jellinek)1851年6月16日出生于莱比锡,1911年1月12日逝世于德国海德堡。他的一生是典型的学者的一生。1867年起,耶里内克在维也纳大学学习法律、艺术史和哲学,后来又去海德堡和莱比锡学习哲学、历史和法律。1872年他在莱比锡完成了他的博士学位论文,1879年获得维也纳大学的任教资格,1881年成为维也纳大学法律哲学访问教授,1883年获得了在维也纳大学教授公法的资格。1889年耶里内克在巴塞尔大学获得了教职并暂时离开了奥地利-匈牙利学术圈。1891年耶里内克成为海德堡大学公法和国际法教授,并于1900年完成了其主要著作《国家通论》(*General Theory of the State*)。耶里内克一生著述颇丰,但在英美学术界最著名的著作却是他在1895年写的一本小书《〈人权与公民权利宣言〉:现代宪法史论》(*The Declaration of the Rights of Man and of Citizens: A Contribution to Modern Constitutional History*,德文:*Die Erklärung der Menschen—und Bürgerrechte: Ein Beitrag zur modernen Verfassungsgeschichte*),这篇篇幅不长的文章使他获得美国普林斯顿大学授予的荣誉学位。他在文中阐释的观点据说启发了马克斯·韦伯《新教伦理与资本主义精神》的写作，这篇短小精干的文章对西方政治、法律思想，至今仍有影响。

这篇文章探讨了法国人权宣言的历史来源。耶里内克首先否定了法国诸多学者提出的权利宣言的观念可以被追溯至卢梭《社会契约论》的观点。他认为法国《人权宣言》本身就是反《社会契约论》的，“法国大革命的权利宣言绝大部分都是从美国各种各样的‘权利宣言’里抄过来的。法国人权宣言的各种草案，无论是在请愿书中提出的，还是在国民议会上提出的 21 条草案，只不过多多少少在简洁的程度或者涵盖范围上，在表述的精巧或笨拙上与它们的美国原型有点差异而已”（第三章）。耶里内克花费了大量的篇幅逐条讨论了与法国《人权与公民权利宣言》一一对应的美国各州各种权利法案中的具体规定，并认为“法国不仅仅采用了美国的理念，也采用了大西洋彼岸的美国的权利宣言的形式”（第六章）。但是，耶里内克并不满足于此，他进一步探讨了美国各州权利宣言的历史来源。

在这个问题上，耶里内克又一次否定了一个常见的观点，即：这些权利宣言来源于英国的各种宪法性文件。耶里内克指出，英国法律建立起来的是臣民的权利，这些权利是一批批地或者一项一项地被加以肯定的，它们来源于特殊的历史环境，或者就是对已经存在的法律解释的确认而已。英国的立法更是无意于承认什么人的普通权利，它们既没有权力也没有意愿去限制立法者或者为未来的立法确立什么原则。根据英国法律，国会是全能的，它所制定或者承认的法律具有同样的价值。

与之相比，美国的权利宣言则“包含了存在着高于普通的立法者的更高级的规范的观念”。美国的各种权利宣言不仅仅在名义上是更高级种类的法律，它们还是更高级的法律制定者的产物。美国的各种权利宣言不是仅仅试图为政府组织设立特定的原则，它们更首先试图在国家和个人之间划定界限。依据这些权利宣言，个人并不是通过政府（的同意）才成为权利的所有者，而是因为他自身自然地就拥有不可分离和不可取消的权利。这一观念对于英国法律来说是陌生的。英国法律不希望承认一种永久的、自然的权利，英国法律所承认的是一种从英国人的父辈们那里继承而来的，“英国人民的古老的、毫无疑问的权利”。依据英国的观念，自由的权利只建立在法律至上的基础上——至上的是法律，而不是个人权利。

在否定了美国权利宣言的英国法渊源之后，耶里内克进一步否定了那种在古代文献中找到类似的只言片语就把这一观念归之于希腊罗马的习惯。他指出尽管从希腊人的时代就已经有了自然权利的观念，然而它们从来没有导致基本权利观念的形成。乌尔比安在《国法大全》中的一个片段曾经宣布依据自然法所有人都是平等的，但奴隶制依然是市民法的一种制度。他认为：“文献本身不会产生任何东西，除非在历史和社会环境中能找到适合于实现这些文献的基础。当一个人找到了某个观念在历史文献上的起源的时候，并不意味着他就发现了这一观念的实际意义的记录。今天的政治科学的历史充满了太多的关于文献的历史，而制度本身的历史则太过缺乏。全新的政治观念的数量是很少的。大多数的观念，至少其萌芽，在关于国家的古代观念中都可以找到。但是制度则始终处在变化之中，因此必须通过制度本身的、个别的历史形式来加以把握。”（第六章）

耶里内克认为，权利宣言的真正的来源是美国殖民地上的宗教自由和与之相关的制度实践。宗教领域的个体主义最终导致了极其重要的实际后果。从它的原则中最终导致了对完全的和无任何限制的良心的自由的要求和承认，而宗教信仰的运动无法将其自身局限于教会事务之内。它顺着逻辑的必然性把它的基本原则带入了政治领域。新教的教会首先承认和保护个人内在的和不可分离的良心自由的权利。虽然这些宗教-政治观念的出现可以被追溯到很远，因为它们并不是在宗教改革运动中才出现的。但是在这些观念的基础之上发展起来的实践则是独一无二的。因为在历史上第一次不仅仅要求（应该）有作为国家基础的社会契约，而是真的缔结了社会契约。1620 年 11 月 11 日，在新普利茅斯殖民地建立之前，由受到迫害和流放的清教徒祖先在“五月花”号上缔结了第一份保护他们的宗教自由的协议。由此，英国的殖民者们开始了一系列的“庄园协议”（Plantation Covenants），这些协议是英国殖民者们依据他们的宗教和政治理念，认为是成立一个新的殖民地所必需的。在此，他们要考虑的仅仅是宗教自由。清教徒们反对英格兰的宗教现状，尽管他们本身也并不倾向于宽容，但最终他们还是秉持着他们的国家必须首先实现宗教自由的观念。这一点对他们来说就是可以自由地实施他们自己的宗教信念。

另一方面，国家和政府依赖于契约的观念——这一观念对于美国的个人自由观念具有如此重要的意义——还由于历史环境得到了强化。在北美苍茫的广袤原野中，寥寥无几的殖民者从无到有全靠自己和与他人的相互帮助开创了一个又一个殖民地。正因如此，他们相信在国家之外，在自然的状态中的生活是可能的。而当他们走出自然状态结成共同体的时候，他们依据的是自己的自由意志，没有受到任何公共权力的限制。由于他们人数稀少，代议(制度)在一开始是不必要的。所有的决定都是在所有成员均可参加的市镇集会上作出的。由此，直接民主的形式自然而然地从特定的条件中诞生并强化了他们的信念。对于可以创立美国的殖民者来说，历史明白无误地告诉他们：存在着一种不是由国家授予公民，而是公民与生俱来的人的权利。良心的行为以及宗教信念的表达是不可侵犯的，可以对抗国家的更高级的权利。这些都是"不证自明的"。也正是秉持着这样的信念，他们在后来自己州的宪法中把这些历史赋予的观念和历史造就的制度写了进去。通过法律建立不可剥夺的、内在的和神圣的个人权利这一观念的来源不是政治，而是宗教。被人们认为是美国革命的结果实际上是宗教改革运动和它的抗争所产生的结果。而在18世纪殖民地发展的过程中，这些天赋权利的观念进一步发展成了一个体系。

在追溯了权利宣言的美国来源之后，耶里内克探讨了个人的原初权利和国家契约的观念为什么是在英格兰及其殖民地第一次获得了划时代的重要性而不是在欧洲其他国家？他的回答是：英国的法律观念不像大陆国家那样受到罗马法如此深刻的影响，尤其是英国的公法实际上是在条顿人的法律观念的基础上发展起来的；而没有被罗马人驯服的条顿人的原初权利观念从来没有被后来罗马人的全能国家的观念所取代。虽然国会的权力后来被柯克宣布为"绝对的和超载的"。但是这一权力被英国人只在名义上认为是没有限制的。国家，以及国会和国王都有实际的限制在其之上，这才是英格兰人民始终所怀抱的信念。在《大宪章》和英国的

《权利法案》中,“有些界限国家不应该逾越这一点在所有重要的基本法中都得到了特别的要求并被承认”。个人权利优于国家的观念在17世纪英格兰的整个历史环境中找到了自己的支撑。自然法的观念与从未消亡的古老的权利观念相结合,并在英国的殖民地以新的形式出现。

耶里内克试图以一种历史的、现实的观点看待自然权利理论,而不是简单地接受自然权利理论。耶里内克否认自然权利理论是个人公权利的基础,而主张国家的自我限制才是个人公权利的真实基础。耶里内克没有把法律简单理解为大众意志的体现,而是把法律解释为一种历史与观念发展的综合。“正确的原则不是由法理学教授的,而是由历史教授的”,也就是说,必须通过其发展所处的历史背景,权利的主张才能得到了解。人权的历史不仅是法学的,更是历史的。他的著作“提供了一种19世纪德国法学可能是最成熟的综合。”[①]这一理论实际上是当时德国学界正在进行的议会主义与宪政主义争论的体现。他把国家权力必须受到某种限制的观念与条顿国家传统观念相联系的历史主义的主张并不是出于某种虚荣感进行的观念最早起源地的争夺,而是为他的公法权利观念进行佐证。

耶里内克对权利宣言来源的解读,其令人称道的地方就在于他没有局限在法国思想界和学术界内部,而是把权利宣言这一问题放置到了更加宽广宏大的欧洲政治历史和思想史中进行考察。

① 引自邓肯·J.凯利:“重温人权:格奥尔格·耶里内克论权利与国家”(Duncan J. Kelly: Revisiting the Rights of Man: Georg Jellinek on Rights and the State),载于《法律与历史评论》(*Law and History Review*),卷22(03),2004年。——译者

这一超越单纯文本争议的视角展现了权利宣言背后深刻的历史和文化内涵，让人看到了一个更生动和全面的现代宪法基本权利诞生的历史图景，或许这正是这篇文章至今仍在学术界具有影响力的原因。当然，这篇文章简明扼要的论证在很多地方看起来过分简化了问题，忽略了宗教改革这种宏大的历史事件造就的思想和事件的复杂性。

在耶里内克逝世100周年之际，谨以他流传最广的这篇文章的中文版的面世作为纪念！

由于本人才疏学浅，翻译难免挂一漏万，敬请各位方家不吝赐教。

李锦辉

2011年4月

目　　录

前言……………………………………………………………………… 1
第一章　1789 年 8 月 26 日法国《人权与公民权利宣言》及其意义……………………………………………………………… 2
第二章　卢梭的《社会契约论》不是宣言的来源……………… 6
第三章　北美各州的权利法案是《人权宣言》的模板………… 9
第四章　弗吉尼亚和北美其他州的权利草案 ………………… 14
第五章　法国和美国宣言的比较 ……………………………… 17
第六章　美国权利宣言和英国权利宣言的比较 ……………… 25
第七章　盎格鲁—美国殖民地的宗教自由是通过法律建立普遍的人权观念的渊源 ……………………………… 35
第八章　美国革命期间人权和公民权利体系的创造 ………… 47
第九章　人权和条顿权利观念 ………………………………… 54
附录一　法国《人权与公民权利宣言》 ……………………… 59
附录二　美国弗吉尼亚《权利宣言》 ………………………… 62
附录三　英国《权利法案》 …………………………………… 65
附录四　美国《宪法》前十条修正案 ………………………… 67
附录五　美国《独立宣言》 …………………………………… 69

前　　言

下面的文章源于我已经进行了些时日的一本较大的著作。我希望这篇文章可以加强如下信念：在现代国家法律中加以表述的那些观念不应该仅仅通过文献的历史以及权利观念的发展史来加以理解，而是首先应当通过制度本身在文明世界自身延续的历史来加以理解。

格奥尔格·耶里内克

海德堡

1895年6月23日

第一章　1789年8月26日法国《人权与公民权利宣言》及其意义

法国国民议会于1789年8月26日宣布的《人权与公民权利宣言》是法国大革命诸多事件中最有意义的事件之一。对这一宣言的批评观点针锋相对。完全认识到其重要性的政治科学家和历史学家不断地得出结论，认为这一宣言在攻克巴士底狱之后席卷全国的无政府混乱状态中起到了推波助澜的作用。他们指出宣言的抽象表述是含糊不清因而是危险的，宣言脱离了政治现实并缺乏实践的政治艺术。他们认为宣言空洞的哀怜搅乱了人们的头脑，破坏了冷静的判断；掀起了激情，并阻滞了人们的责任感，因为在宣言中根本没有提到责任这一字眼。[①] 另一方面，其他人，尤其是法国人，则高度赞扬宣言，认为它开启了世界历史中的新篇章，并把"1789（法国人权宣言）的原则"称颂为一种（无可置疑的）教义，其中的原则是形成政府结构的永恒基石。同时，他们还把宣言

---

① 众所周知，持这一观点的首先是伯克（Burke）和边沁（Bentham），以及后来的泰那（Taine），见《当代法国的起源：革命》（*Les origines de la France contemporaine*：*La révolution*），第一卷，第273页起。以及奥肯：《革命的时代，帝国和解放战争》（Oncken, *Das Zeitalter derRevolution, des Kaiserreiches und der Befreiungskriege*），第一卷，第229页起。以及魏斯：《法国大革命史》（Weiss, *Geschichle der französischen Revolution*），1888年版，第一卷，第263页。

认为是法国给予人类的最珍贵的礼物。

相比起法国宣言的历史和政治意义而言，人们较少关注的是这份宣言在法律史中的重要性，这种重要性一直持续至今。无论宣言大而化之的宽泛表述是否有价值，毫无疑问是在宣言的影响下，个人的公共权利（the public rights of the individual）的观念在欧洲大陆国家的实证法中发展了起来。直到宣言出现之前，在公法文献中我们可以找到政府首脑的权利，某些阶层的特权，个人或某些特别团体的特权，但是臣民的普遍权利则只能以对政府的义务的形式出现，而不是以确定的个人法律权利的形式出现。人权宣言第一次给实证法注入了个人权利可以对抗作为一个整体的国家这一观念，而这一观念在此之前只在自然法中存在。这一观念接着出现在 1791 年 9 月 3 日颁布的法国的第一部宪法之中。这部宪法在宣言的基础上设定了一系列由宪法保证的自然和公民权利（droits naturels et civils）。[①] 与投票权一起出现的还有“受到宪法保障的权利”（droits garantis par la constitution），这一权利上一次被列举是在 1848 年 11 月 4 日颁布的宪法中，[②]这些权利形成了关于个人的公共权利的法国理论和实践。[③] 在法国的人权宣言的影响下，类似的被列举的权利被引入了欧洲大陆各个国家的宪法之中。这些不同的用语则多多少少适应了各自国家的特殊情况，并因此经常展现出内容上的差异。

---

① 1791 年法国《宪法》第一章：宪法所保障的基本条款。

② 赫里：《法国宪法》（Hélie, *Les constitutions de la France*），第 1103 页起。

③ 参见耶里内克：《主观公法体系》（Jellinek, *System der subjektivenöffentlichen Rechte*），第 3 页，注释 1。

在德国，1848 年之前的宪法大都包含了臣民的权利这部分内容。1848 年在法兰克福举行的国民宪法会议通过了“德国人民的基本权利”，这些权利作为联邦法律在 1848 年 12 月 27 日公布。尽管后来 1851 年 8 月 23 日联邦(Bund)决议宣告上述权利无效，但它们依然有着长久的影响，因为许多具体的条款几乎被逐字逐句地吸收进了现行的联邦法律。[①] 1848 年后，这些被列举的权利在欧洲宪法中大量出现。首先是在 1850 年 1 月 31 日的《普鲁士宪法》中，然后是在 1867 年 12 月 21 日出现的《奥地利国家基本法》中的“国家公民的普遍权利”之中。最近则出现在巴尔干半岛新独立的几个国家的宪法之中。

一个值得注意的例外是 1867 年 7 月 26 日颁布的《北部德国邦联(the North German Confederation)宪法》和 1871 年 4 月 16 日颁布的《德意志帝国宪法》，这两部宪法完全没有对基本权利的表述。不过，《德意志帝国宪法》倒是可以省却这样的宣言部分，因为它已经被包含在大多数州的宪法之中了，并且，正如上面所说的，一系列的联邦法律已经立法确立了法兰克福国民宪法会议通过的那部宪法的基本权利的原则。除此之外，对于帝国国会而言，国会的特别关注在于承担授予国会的保护基本权利的职责，而由于州宪法以联邦宪法作为补充的规定，国会在修改宪法时并不需要遵守特别形式，因此就没有必要再在宪法中再为基本权利保留位置。[②] 事

① 拜恩町：《圣保罗教堂帝国的尝试》(Binding, *Der Versuch der Reichsgründung durch die Paulskirche*)，莱比锡，1892 年版，第 23 页。

② 至于宪法，德意志帝国国会拒绝了所有试图引入基本权利的建议。见贝措尔德：《德国宪法材料》(Bezold, *Materialen der deutschen Reichsver fassung*)，第三卷，第 896—1010 页。

实上，德意志帝国个人所拥有的公共权利要远大于大多数已经在州宪法中规定了个人权利的州的个人权利。这一点只要看一下奥地利的立法、司法和行政实践就可以明白。

然而，不管我们对这些抽象原则持有什么意见　　这些抽象原则只有通过具体的立法程序才能获得生命力，并能影响到个体的法律地位，对这些原则的承认是历史性地与第一个《权利宣言》相联系的这一事实，使得对于宪法史来说，确定 1789 年法国人权宣言的来源成为一项重要的任务。这项任务的重要性对于解释现代国家的发展和理解国家保证的个人的地位来说都具有重要意义。目前，法国《人权宣言》之前的在公法领域的不同的先行者——从英国的大宪章到美国的独立宣言——都被一一列举并排序，但是法国《人权宣言》来源的详尽研究却还没有出现。

一个流行的观念是认为卢梭的《社会契约论》赋予了宣言以推动力，宣言的原型就是北美 13 个殖民地的《独立宣言》。让我们首先考察这些假定的正确性。

第二章　卢梭的《社会契约论》不是宣言的来源

在迄今为止法国最全面的政治学历史著作中，保罗·加内(Paul Janet)经过对《社会契约论》的梳理之后，探究了卢梭的著作对法国大革命的影响。他认为权利宣言的观念可以被追溯到卢梭在《社会契约论》中的教诲。他认为，法国《人权宣言》本身除了是依照卢梭的观念缔结的国家契约之外还能是什么？诸多的权利除了是社会契约的表述和具体化之外还能是什么？[①]

很难理解一位研究《社会契约论》的专家怎么会得出这样的结论，尽管这一结论与流行的观念是相符的。

社会契约理论实际上只有一条规定，即：将个人权利完全地转化为公意。[②] 个人从进入国家的那一刻起不再享有任何个别的个人权利。[③] 他从自然权利中所获得的一切他将从公意(volonté

① “是否还有必要证明这种观念由孟德斯鸠和卢梭提出？……提出宣言这种行为除了是根据卢梭所说的共同体成员之间的契约行为还能是什么？它们难道不仅仅是说明社会契约得以成立的条件？”《政治科学史》(*Histoire de la science politique*)，第三版，第457、458页。

② “这些条款，毫无疑义地也可以全部归结为一句话，那就是：每个结合者及其自身的一切权利全部都转让给整个的集体。”《社会契约论》(*Du Contract Social*)，第一卷，第六章。

③ “其次，转让既是毫无保留的，所以联合体也就会尽可能地完美，而每个结合者也就不会再有什么要求了。”同上第一卷，第六章。

générale)中获得，而公意本身是它自身界限的唯一判断者，它不应该，也不能被任何关于权力的法律所限制。即使是财产也只是通过国家的承认才属于个人。社会契约使得国家成为它的成员所拥有的物品的主人。[①] 而国家成员能够拥有物品只不过是作为公共财产的受托人。[②] 所谓的公民自由只不过是个人作为公民履行自己的义务之后留下的东西。[③] 这些义务只能通过法律加以规定，根据社会契约论，法律必须对所有的公民都是一样的。这是对主权权力的唯一限制，[④]但这一限制是来自于主权本身性质的，并且这一限制可以由主权自身执行。[⑤]

因此，人们生来就具有权利，并将其带入社会，且这些权利对主权者的权利形成了限制这种观念实际上是卢梭所反对的。对于卢梭而言，并没有什么基本法可以对全体人民有效，更不用说对社会契约进行限制。[⑥]

然而，法国《人权宣言》则在国家和个体之间划分了界限，这是一条立法者必须注意的“自然的、不可剥夺的、神圣的人的权利”设

① “因为就国家对它的成员而言，国家由于有构成国家中一切权利的社会契约，便成为他们全部财富的主人。”同上第一卷，第九章。

② “……于是享有者便成为公共财富的保管者”《社会契约论》，第一卷，第九章。

③ “我们承认，每个人由于社会公约而转让出来的自己一切的权力、财富、自由，仅仅是全部之中其用途对于集体有重要关系的那部分；但是也必须承认，唯有主权者才是这种重要性的裁判人。”同上第二卷，第四章。

④ “于是，由于公约的性质，主权的一切行为——也就是说，一切真正属于公意的行为——就都同等地约束或照顾着全体公民。”同上第二卷，第四章。

⑤ “主权权力无须对于臣民提供任何保证。”同上第一卷，第七章。

⑥ “因此，主权者若是以一种为他自己所不得违背的法律来约束自己，那便是违反政治共同体的本性了。……由此可见，并没有而且也不可能有任何一种根本法律是可以约束人民共同体的，哪怕是社会契约本身。”同上第一卷，第七章。

定在他面前的永远的界限。[①]

由此可见,《社会契约论》的原则是与法国《人权宣言》相矛盾的。《社会契约论》的原则并不是要保证个人的权利,而是公共意志的不受法律限制的全能的权力。泰纳在理解《社会契约论》的后果上要比加内做得好。[②]

1789 年 8 月 26 日颁布的《人权宣言》本身就是反对《社会契约论》的。《社会契约论》的思想确实对宣言的某些条款的风格产生了影响,但是《人权宣言》的观念本身一定是从其他来源而来的。

① 1791 年 9 月 3 日《宪法》第一条:"立法权不得制定任何法律来损害或妨碍本篇所载并为宪法所保障的那些自然权利和公民权利的行使。"

② 参见泰纳,上引书"旧政权"(章节),第 321 页以下。

第三章　北美各州的权利法案是《人权宣言》的模板

权利宣言的观念可以在法国国民议会召开之前的法国找到其表述。这一观念已经在几部陈情书(cahiers)* 中找到。纳姆辖区陈情书(The cahier of the Bailliage of Nemours)就很值得注意,因为它已经包含了一章节叫做《人和公民权利宣言的必要性》,[①]并且勾画了一个包含30章的宣言的计划。在其他类似的计划中,巴黎的第三等级陈情书对此显示出一些兴趣。[②]

不过,在国民议会中,是拉法耶特(Lafayette)在7月11日的国民议会中提出了颁布与宪法相关的权利宣言的动议,这样就在国民议会面前出现了一个提出颁布人权宣言的计划。[③]

一个流行的观点是拉法耶特是受到美国《独立宣言》的启发而提出这个动议的。[④] 而北美殖民地《独立宣言》更进一步被宣告为

---

* cahiers是1789年由路易十六下令由法国的三个社会阶层递交的表达自己希望和不满的文件。——译者

① "需要声明什么是个人和公民的权利,并作出声明,以使他们可以反对各种不公正。"《第一届议会档案》(*Archires parlementaires I. Série*),第四卷,第161页以下。

② 《第五届国会档案》(*Archires Parl., V*),第281页以下。

③ 《第八届国会档案》(*Archires Parl., VIII*),第221、222页。

④ 参见例如H.冯·赛贝尔:《1789年至1800年革命史》(H. v. Sybel, *Geschichte der Revolutionszeit von 1789 bis 1800*),第四版,第一卷,第73页。

是国民议会在宣布《人权宣言》时心目中的模型。北美《独立宣言》尖锐、犀利的言辞风格和这一美国文献所展示的实践性的品格被许多人认为是值得赞扬的，这些特性与法国《人权宣言》令人困惑的含混冗长的教条式的理论形成了鲜明的对比。[①] 其他人则把美国宪法第一批十条修正案作为一个更合适的对比目标，[②]甚至认为美国宪法修正案对法国《人权宣言》产生了某些影响，完全不顾美国宪法第一批修正案是 1789 年 8 月 26 日之后才存在这一事实。产生这一错误的原因在于：1789 年的《人权宣言》已经逐字逐句地体现在 1791 年 9 月 3 日的法国宪法中，对于那些不熟悉法国宪法历史的人，以及那些只看到宪法文本的人来说，法国《人权宣言》好像是后来才出现的。

事实上，如果我们越过法国《人权宣言》往回看就会发现 1776 年 7 月 4 日的美国《独立宣言》就已经包含了对一系列的人的权利的阐述。[③]

然而，美国《独立宣言》只包含着一段关于权利的宣言的段落。这一段是：

---

① 参见豪瑟：《法国史——革命》（Häusser, *Geschichte der franz. Revolution*），第三版，第 169 页；H. 舒尔泽：《德国宪法教科书》（Schulze, *Lehrbuch des deutschen Staatsrechts*），第一卷，第 368 页；施塔尔：《国家理论》（Stahl, *Staatslehre*），第四版，第一卷，第 523 页。泰纳，上引书，第一卷，第 274 页："我们这里还没有像美国宪法那样的明确的宣言。"除此之外，注释 1 可参见"1776 年 7 月 4 日《独立宣言》"。

② 见施塔尔上引书，第 524 页；泰纳，上引书。在一个注释中清楚明白地提到了杰斐逊发布一个权利宣言的提议被否决这件事。

③ 除此之外，施塔尔在前引书第 523 页确实提到美国各州的宣言，但他没有明确这些宣言源自何时，也没有说明，它们与法国宣言是什么关系，并且他的评论显示出他对这些权利宣言一点都不熟悉。加内在前引书第一卷，第 5 页以下用大量篇幅这些州的宣言这一主体以证明法国宣言的独创性。他甚至还错误地想要证明法国影响了美国（第 35 页）。他对美国权利宣言的历史细节完全一无所知。

> 我们认为这些真理是不言而喻的：人人生而平等，造物主赋予他们若干不可剥夺的权利，其中包括生命权、自由权和追求幸福的权利，为了保障这些权利，人类才在他们之间建立政府，而政府的正当权力，是经过被治理者的同意而产生的。当任何形式的政府对这些目标具有破坏作用时，人民便有权力改变或者废除它。

这一段话在内容上是如此笼统以至于很难从中读出或者说推导出一套权利系统。因此，从根本上来说，美国《独立宣言》不可能作为法国《人权宣言》的模本。

这一点可以通过拉法耶特自己的论述加以印证。在拉法耶特的《回忆录》一书中一个几乎被完全忽略的地方，拉法耶特提到了他在法国制宪会议上提出发表《人权宣言》的动议时心目中的模板。[①] 他非常肯定地指出北美自由州的邦联议会* 在当时根本就不曾拥有为各个拥有主权的州设立有约束力的权利规则的地位。他指出的事实是：《独立宣言》仅仅设定了人民的主权原则以及人民改变政府形式的权利。其他的权利则是从被包含在所列举的英王侵犯的北美人民的权利之中推论出来的，这些对北美人民权利的侵犯行为使得北美与母国——英国的分离成为正当的。

然而，各州的宪法之前都有权利宣言作为序言，这些权利宣言对于各州人民的代表都是有约束力的。**第一个设立了应当被称作**

① 《拉法耶特将军的回忆、通信和手稿》(*Mémoires, correspondances et manuscripts du général Lafayette, publiés par sa famille*)，第二卷，第46页。

* 美国在独立后的很长时间内实行邦联制，直至美国宪法生效。——译者

权利宣言的州是弗吉尼亚州。[1]

弗吉尼亚州和其他独立北美各州的权利宣言才是拉法耶特的提议的来源。这些权利宣言不仅影响了拉法耶特,而且影响了所有试图提出权利宣言的人。即使上文所说的权利请愿书也受到了这些权利宣言的影响。

北美独立各州的新宪法在当时的法国广为人知。早至1778年,一本题名献给富兰克林的关于北美各州宪法的书籍的法语译本已经在瑞士出现。[2] 在本杰明·富兰克林本人的鼓励下,另一本出版于1783年。[3] 这些北美独立各州的宪法对法国大革命时期的立宪运动的影响并没有被充分地认识。在欧洲,直到最近人们还只知道美国联邦宪法,而在现代宪法史上具有重要地位的北美各州宪法却不为人知。这一点尽管还没有得到某些著名历史学家和公法学者的认可,但事实是很明显的:北美各州拥有最早的宪法。在英国和法国,北美各州宪法的重要性已经开始被承认,[4]但在德国,它们几乎没有被注意到。毫无疑问,在很长时间内,这些

① "但是这13个州先后制定的宪法都在它们的权利宣言之后,权利宣言的原则或者是人民代表的准则,或者是人民的协议,或者是其他权利的行使的准则。弗吉尼亚是第一个发表严格意义上的权利宣言的州。"同上书,第47页。

② 《英国殖民地时期及美国联邦宪法汇编——献给富兰克林》(*Recueil des loix constitutives des colonies angloises, confédérées sous la dénomination d'états Unis de l'Amérique-Septentrionale. Dédié à M. le Docteur Franklin.*)

③ 参见博尔若:《欧美宪法的制定与修改》(Borgeaud, *Établissement et revision des constitutions en Amérique et en Europe*),巴黎,1893年版,第27页。

④ 特别是詹姆斯·布赖斯(James Bryce)特别出色的著作《美国邦联》(*The American Commonwealth*),第一卷,第二部分,布特米:《宪法性法律研究》(Boutmy, *Études de droit constitutionnel*),第二版,巴黎,1895年版,第83页以下。以及博尔若前引书第28页以下。

更加古老的宪法作为一个整体在欧洲很难接触到，但是，通过美国参议院的编排，[①]包含美国最早时期的宪法的书籍已经出版，现在个人可以知晓这些非常重要的文献。

法国大革命的《权利宣言》绝大部分都是从美国各种各样的"权利宣言"里抄过来的。[②] 法国《人权宣言》的各种草案，无论是在请愿书中提出的，还是在国民议会上提出的21条草案，只不过多多少少在简洁的程度上或者涵盖范围上，在表述的精巧或笨拙上与它们的美国原型有点差异而已。但就实质性的增加而言，法国的《人权宣言》只不过是增加了一个属于政治形而上学纯粹理论的教条式的声明而已。在此讨论这些教条式的声明是不必要的。让我们把我们的工作集中在从8月12日到26日经过长时间的讨论才最终决定的《人权宣言》上。[③]

① 本(Ben)主编的《联邦宪法和州宪法、殖民地章程以及美国的其他组织法》(*The Federal and State Constitutions, Colonial Charters, and other Organic Laws of the United States*)，珀利·普尔(Perley Poore)，两卷本，华盛顿，1877年版，只包括了殖民地时期最重要的文献。

② 这一点即使对于法国最好的美国历史专家拉波拉耶(Laboulaye)来说也不是很清楚。这一点在他对这个主题的著作中很明显，见《美国历史》(*Histoire des États-Unis*)，第二卷，第2页。

③ 参见《第八届国会档案》，第461—489页。

第四章　弗吉尼亚和北美其他州的权利草案

大陆会议1776年在费城集会时已经决定要和英国脱离，在此会议期间，5月15日，会议呼吁与会各州设定各州自己的宪法。在组成邦联的13个州中，11个州响应了这一呼吁，在法国大革命爆发之前制定了各自州的宪法。剩下的两个州仍然使用经过英王批准的殖民地宪章，但是授予这些文件以宪法的地位。它们是1662年的康涅狄格州宪章和1663年的罗得岛宪章。因此，这些宪章是现代意义上的最古老的成文宪法。[①]

在北美其他州中，弗吉尼亚州是最早立宪的州。该州在1776年5月6日至7月29日在威廉斯堡（Williamsburg）举行的会议上制定了自己的宪法。这部宪法有一个正式的"权利法案"作为前言。[②] 这一"权利法案"在此前的6月12日的会议上通过。这一草案的作者是乔治·梅森（George Mason），尽管最后对草案最终采用的文本起了决定性作用的人是麦迪逊（Madison）。[③] 弗吉尼

① 康涅狄格州在1818年，罗得岛在1842年用新宪法代替了旧的殖民地特许状。

② 普尔书，第二卷，第1908、1909页。

③ 关于弗吉尼亚州权利法案的起源，参见班克罗夫特：《美国历史》（Bancroft, *History of the United States*），伦敦1861年版，第七卷，第64章。

亚州的权利宣言对于所有的其他州，甚至三周之后颁布的美国大陆会议的《独立宣言》都起到了一个模范的作用。众所周知，《独立宣言》的作者是杰斐逊（Jefferson），而他就是弗吉尼亚州的公民。在其他各州的各种独立宣言中，出现了许多不同的条款，添加了新的细节。[①]

在弗吉尼亚州的权利宣言之后，在1789年之前，在州宪法中包含了明确的权利宣言的宪法包括：

1776年9月28日的宾夕法尼亚州宪法，

1776年11月11日的马里兰州宪法，

1776年12月18日的北卡罗来纳州宪法，

1777年7月8日的佛蒙特州宪法，[②]

1780年3月2日的马萨诸塞州宪法，

1783年10月31日的新罕布什尔州宪法（1784年6月2日生效）。

而在新泽西州、南卡罗来纳州、纽约州和佐治亚州最早的宪法中，权利法案是缺失的，尽管这些宪法包含了属于权利宣言范围内的条款。[③]《1778年美国各州宪法》一书的法文版包括了特拉华州

① 弗吉尼亚州的权利宣言有16条，马萨诸塞州有30条，马里兰州有42条。弗吉尼亚州的宣言没有包括移民的权利，这一权利首次出现是在宾夕法尼亚权利宣言的第十五条。弗吉尼亚州的宣言也没有包括集会和请愿的权利，这些权利是在宾夕法尼亚权利宣言中出现的（第十六条）。

② 佛蒙特州的地位在1790年之前一直存在争议，直到1791年2月18日，它才成为美国的一个独立的成员州出现。

③ 宗教自由在纽约州是在1777年4月20日的州宪法第三十八条之中以一种特别加以强调的方式出现的。普尔书，第二卷，第1338页。

的权利宣言，这一宣言在普尔（Poore）的辑本中是缺失的。[①]

在以下的章节中，法国《人权宣言》的条款被分别列出并与美国各州宪法的各种权利宣言中的相应条款进行比较。在美国各州的权利宣言中，我只列出与法国《人权宣言》表述最相近的条款。但是值得再次强调的是各种美国独立宣言的基本思想都是互相复制的，因此同样的规定会以不同的形式在很多的权利法案中重复出现。

我们将略过国民会议加在《人权宣言》之前的引言部分而直接开始列举这些权利。在《人权宣言》的引言中，“国民议会在最高的造物主面前”庄严地宣布人和公民的权利并肯定了这些权利的意义，但即使是这段引言本身，也是受到大陆会议和为寻求脱离英国的统治而寻找正当理由的美国各州的权利宣言的启发而来的。

① 第151页以下。

第五章　法国和美国宣言的比较

法国《人权与公民权利宣言》：

第一条　在权利方面，人们生来并且始终是自由的。社会差别只能基于对公共利益的考虑。

第二条　任何政治结合的目的都在于保护人的自然的和不可动摇的人权。这些权利就是自由、财产、安全和反抗压迫。

美国弗吉尼亚州《权利宣言》：

第一条　人人生来自由、平等与独立，并享有某些天赋人权。当人们结合为一个社会时，人们也不能凭任何契约剥夺其后裔的这些权利；这些权利即以各种手段获取与拥有财产享受生活与自由的权利，追求和享有幸福与安全的权利。

第四条　除非为了服务公众，任何个人或群体都无权从社会获取独占的或单独的报酬或特权；行政官员、立法者或法官等职位均不应实行世袭制。

美国马萨诸塞州《权利宣言》：

序言　政府之所以成立，维持和运作的目的是为了保证政治共同体的存在并保护它，并使组成政治共同体的个人有权力在安全与稳定之中享受他们的自然权利和幸福生活。

美国马里兰州《权利宣言》：

第四条　要求人民不反抗暴政和压迫的教条是荒谬的，是对人类幸福和善的奴役和摧毁。

法国《人权与公民权利宣言》:

第三条　一切主权在本质上均源于国民。任何团体、任何个人都不得行使不是明确地来自国民的权力。

美国弗吉尼亚州《权利宣言》:

第二条　所有权力都属于人民,因而也都源于人民;所有行政官员都是他们的受托人与仆人,无论什么时候都应服从人民。

法国《人权与公民权利宣言》:

第四条　自由就是指有权从事一切无害于他人的行为。因此,各人的自然权利的行使,只以保证社会上其他成员能享有同样权利为限制。这些限制只能通过法律加以确定。

美国马萨诸塞州《权利宣言》:

序言　政治共同体是通过个体的自愿结合而形成的,它是人民的整体与每一个公民之间订立的协议;这一协议规定所有的人都应该为了特定的公共利益而受到法律的统治。

第十条　社会中的每一个个体的权利都有权受到立法的保护,这些权利包括生命、自由和财产。

法国《人权与公民权利宣言》:

第五条　法律仅有权禁止有害于社会的行为。凡未经法律禁止的事情都不得阻止,而且任何人都不得被迫从事未经法律命令的行为。

美国马萨诸塞州《权利宣言》:

第十一条　每一个邦联的成员都应当有权就其在个人、财产、个性方面受到的损害要求通过法律受到一定赔偿。

美国北卡罗来纳州《权利宣言》：

第十三条　每个自由受到限制的自由人都有权通过法律要求去除这些非法的对其自由的损害。这种获得补救的权利不得拒绝。

美国弗吉尼亚州《权利宣言》：

第七条　任何当局未经人民代表同意而中止法律或执行法律的所有权力，都有损于人民的权利，因此均不得行使。

法国《人权与公民权利宣言》：

第六条　法律是公共意志的表现。所有的公民都有权亲身或经由其代表去参与法律的制定。法律对于所有的人，无论是施行保护或处罚都是一样的。在法律面前，所有的公民都是平等的，故他们都能平等地按其能力担任一切官职、公共职位和职务，除德行和才能上的差别外不得有其他差别。[①]

美国马里兰州《权利宣言》：

第五条　人民拥有参与立法的权利是对自由的最好保障，也是所有自由的政府的基础。

美国马萨诸塞州《权利宣言》：

第九条　所有的选举应当自由进行；邦联内所有符合政府规定的条件的人都有权选举或者被选举为公共雇员。

美国新罕布什尔州《权利宣言》：

第十二条　除受自己的代表团体同意的法律之外，本州居民不受其他法律的管辖。[②]

① 参见英国《权利法案》第一条。

② 参见英国《权利法案》第八条。

法国《人权与公民权利宣言》：

第七条　除非在法律所规定的情况下并按照法律所指示的手续，不得控告、逮捕或拘留任何人。凡动议、发布、执行或令人执行专断命令者应受处罚；但根据法律而被传唤或被扣押的公民应当立即服从；抗拒则构成犯罪。

美国马萨诸塞州《权利宣言》：

第十二条　除非受到另一个公民全面、清晰、有足够证据和正式的指控，任何人不得为此罪行承当责任；任何人不得被强迫指控自己，或者提供证据指证自己；任何人都有权获得有利于自己的证据；有权与证人当面对质；要求自己或自己选定的代理人所做的辩解被聆听。除非由他的同伴决定或者在法律所规定的情况下，不得逮捕、监禁、剥夺任何人的财产、豁免权和特权；也不得被视为不受法律保护之人，或者将其放逐，或者剥夺其生命、自由或财产。[①]

美国弗吉尼亚州《权利宣言》：

第十条　为官员或执法人员签发一般搜查证或逮捕证，使其在未获得犯罪事实的证据之前可藉此搜查可疑地点，或逮捕未经指名或其罪行未经具体说明且无证据佐证的人，这实属一种严重的错误和压迫行为，绝对不应签发。

法国《人权与公民权利宣言》：

第八条　法律只应规定确实需要和显然不可少的刑罚，而且除非根据在犯法前已经制定和公布的且系依法施行的法律，不得处罚任何人。

---

① 参见《大宪章》第三十九条。

美国新罕布什尔州《权利宣言》:

第十八条　所有的惩罚应当与犯罪的性质相称。[1]

美国马里兰州《权利宣言》:

第十四条　只要能与国家的安全相一致,残酷的法律应当避免。残酷和不寻常的惩罚从此以后不得在任何案件中得以实施。

第十五条　追溯性的法律,在事实出现后才宣布为犯罪的法律是压迫性的、不公正的和与自由不相容的。因此,不得制定溯及既往的法律。

法国《人权与公民权利宣言》:

第九条　任何人在其未被宣告为犯罪以前应被推定为无罪,即使认为必须予以逮捕,但为扣留其人身所不需要的各种残酷行为都应受到法律的严厉制裁。

参见上文所述马萨诸塞州宪法第十二条;以及

第十四条　任何人都有权免于对于其人身、住宅、文件和其他物品的不合理的追捕和搜查。[2]

第二十六条 任何长官或者法庭不得要求过重的保释金或担保金,或施加过重的罚款……

法国《人权与公民权利宣言》:

第十条　意见的发表只要不扰乱法律所规定的公共秩序,任何人都不得因其意见甚至信教的意见而遭受干涉。

① 参见《大宪章》第二十条。

② 参见英国《权利法案》第十条。

美国新罕布什尔州《权利宣言》：

第五条　每一个个体都有自然的和不可分离的依照自己的良心、理性崇敬上帝的自由；任何人不得因为依照自己的良心认可的最适合的方式崇敬上帝而使其人身、自由或财产受到伤害、侵扰或者限制；也不能因为他的宗教职业、宗教感情或者宗教劝说而使其人身、自由或财产受到伤害、侵扰或者限制，只要他在其宗教崇拜中没有干扰公共和平，或者干扰他人。[①]

法国《人权与公民权利宣言》：

第十一条　自由传达思想和意见是人类最宝贵的权利之一；因此，各个公民都有言论、著述和出版的自由，但在法律所规定的情况下，应对滥用此项自由负担责任。

美国弗吉尼亚州《权利宣言》：

第十二条　新闻自由乃自由的重要保障之一，绝不能加以限制，只有专制政府才会限制这种自由。

美国宾夕法尼亚州《权利宣言》：

第十二条　人民有言论自由、写作以及公布他们的情感的权利。

法国《人权与公民权利宣言》：

第十二条　人权的保障需要有武装的力量；因此，这种力量是为了全体的利益而不是为了此种力量的受任人的个人利益而设立的。

美国宾夕法尼亚州《权利宣言》：

第五条　政府是为了公共利益，为了保护人民、国家和社区而

---

① 参见英国《权利法案》第十条。

设立的，而不是为了个别的人、个别家庭或者某一共同体内个别种类的人获得薪酬或者益处而设立的。

法国《人权与公民权利宣言》：

第十三条　为了武装力量的维持和行政管理的支出，公共赋税就成为必不可少的；赋税应在全体公民之间按其能力做平等地分摊。

美国马萨诸塞州《权利宣言》：

第十条　社会中的每一个个体都有权利依照法律就其享有的生命、自由和财产权利获得保护的权利。相应地，每一个人也有义务为保护费用做出自己的贡献，或者在需要时提供个人服务或等价物。

法国《人权与公民权利宣言》：

第十四条　所有公民都有权亲身或由其代表来确定赋税的必要性，自由地加以认可，注意其用途，决定税额、税率、客体、征收方式和时期。

美国马萨诸塞州《权利宣言》：

第二十三条　没有人民或者人民在立法机构的代表的同意，不得施加任何补助、费用、税收、关税或责任。

法国《人权与公民权利宣言》：

第十五条　社会有权要求机关公务人员报告其工作。

参见上文弗吉尼亚州宪法第二条；另见马萨诸塞州宪法

第五条　所有的权力都来源于人民、来自人民，被授予了权利的机关的官长或者官员，无论是立法部门的、执法部门的，还是司法部门的，都是人民的替身和代理人，应当随时对人民负责。

法国《人权与公民权利宣言》：

第十六条　凡权利无保障和分权未确立的社会，就没有宪法。

美国新罕布什尔州《权利宣言》：

第三条　当人进入社会之时，他们让与了他们部分的自然权利给社会以保证他们得到其他人的保护，如果没有这样的保护，他们的权利让与就是无效的。

美国马萨诸塞州《权利宣言》：

第三十条 在这个共同体的政府中，立法部门绝不应当同时行使执法权力和司法权力，或者这二者之一；执法部门绝不应当同时行使立法权力和司法权力，或者这二者之一；司法部门绝不应当同时行使立法权力和执行权力，或者这二者之一；目的在于成为一个法治的政府，不是人治的政府。

法国《人权与公民权利宣言》：

第十七条　财产权是不可侵犯的和神圣的权利，除非当合法认定的公共需要所显然必需时，且在公平而预先赔偿的条件下，任何人的财产权不得受到剥夺。

美国马萨诸塞州《权利宣言》：

第十条　未经他自己的同意，或者公正地经过人民团体的代表的同意，任何人的部分财产不得被剥夺或被移作公用。当因公共需要而征收个人财产时，应当给予合理的补偿。

美国佛蒙特州《权利宣言》：

第二条　当有需要的时候，私人财产应当服从于公共用途。然而，任何时候当任何人的财产被征作公用时，所有者应当获得相等的价钱。

第六章　美国权利宣言和英国权利宣言的比较

通过对美国和法国宣言的比较立即就可以看出二者都设立了抽象性(以及由此导致的模糊性)的原则，并且，二者所具有的令人悲悯的情感也是共同的。法国不仅仅采用了美国的理念，也采用了大西洋彼岸的美国宣言的形式。但是与美国人的冗赘相比，法国的《独立宣言》展现出了法语的简洁特色。法国《人权宣言》的第四章到第六章对自由[1]和法律的多余而毫无意义的定义，是最典型的法国特色的补充。进一步而言，在法国《人权宣言》中，第四章、第六章和第十三章的文本着重强调了法律面前的平等。而对于美国人来说，由于他们的社会环境和民主制度，法律面前人人平等这一点看起来是不证自明的，因此在美国的各种宣言中美国人只是偶尔提及这一点。在法国《人权宣言》的条款中可以看到《社会契约论》的影响，但这一影响并没有带来什么实质上的新东西或者出现任何美国的各种权利宣言所不具有的新条款。

对于评判法国《人权宣言》所产生的效果的历史学者来说，这

① 这一定义可以追溯到弗洛伦丁(Florentinus)在《学说汇纂》L. 4 D. 1，5 中的古老定义：“自由是每个人除了受到物质力量或法律阻碍外，可以任意作为的自然能力。”

一研究结果是很有意义的。美国各州依据各种权利法案已经发展成了一个井然有序的共同体，在这一共同体中从来没有出现过这些作为（共同体出现的）前提的权利宣言会带来分裂共同体的后果的抱怨。因此，法国《人权宣言》之后的无序和混乱不能说是仅仅由它的形式（即颁布了《人权宣言》）带来的。大革命之后的混乱更多地显示的是匆匆忙忙采用外国制度所可能导致的危险。也就是说，1776 年之后的美国实际上是建立在他们已经拥有的长久的历史基础之上。另一方面，法国人则撕裂了他们国家的架构。在一个国家中（美国）是巩固国家的因素在另一个国家（法国）则变成了造成进一步混乱的原因。这一点在当时就被一些富有远见的人诸如拉里-托伦达尔（Lally-Tollendal）[①]以及米拉邦（Mirabeau）[②]等人意识到了。

但是，对于法律史学家来说，从对美国各种权利法案的认识中出现的一个新问题就是：美国人是怎么开始制造这种立法宣言的？

对于不甚了了的观察者而言，这个问题的答案看起来很简单。仅仅从名字上就可以看出它们的英国渊源。在他们看来，1689 年《权利法案》（*the Bill of Rights of 1689*），1679 年的《人身保护法》（*the Habeas Corpus Act of 1679*），1628 年的《权利请愿书》（*the Petition of Right of 1628*），以及最后，《自由大宪章》（*the Magna Charta libertatum*）看起来毫无疑问就是弗吉尼亚州权利法案的先行者。

---

① 《第八届国会档案》，第 222 页。

② 同上书，第 438、453 页。

毫无疑问，这些著名的英国法律对 1776 年之后的各种权利宣言有着巨大的影响，美国人也认为这些英国法律是美国人自己的固有法律的一部分。《自由大宪章》和英国的《权利法案》中的许多规定直接体现在美国各州的权利宣言中。

然而，有研究者已经提及：一道裂痕却将美国各州权利宣言与已经提到的英国立法截然分开。研究美国革命的历史学家指出，弗吉尼亚州的权利宣言是以人类永恒的法律的形式抗议所有的暴政："英国 1688 年的《权利请愿书》是具有历史性和追溯性的；而弗吉尼亚州的宣言则是直接从自然法则的核心得来的（没有历史性的权利），它是为未来所有的世纪和所有的人而宣布的支配性原则。"[①]

英国的法律建立起来的是臣民的权利，这些权利是一批批地或者一项一项地被加以肯定的，它们来源于特殊的历史环境，或者就是对已经存在的法律解释的确认而已。伟大的英国法权威爱德华·柯克爵士早在 17 世纪初就洞察到，即使是《大宪章》也没有包含什么新权利。[②] 英国的立法更是无意于承认什么人的普遍权利，它们既没有权力也没有意愿去限制立法者或者为未来的立法确立什么原则。根据英国法律，国会是全能的，它所制定或者承认的法律具有同样的价值。

另一方面，美国的权利宣言则包含了存在着高于普通的立法

① 班克罗夫特书，第七章，第 243 页。

② 参见布莱克斯通：《英国法释义》（*Blackstone*，*Commentaries on the Lans of England*），第一卷，第一章，第 127 页（科尔编版本，伦敦，1887 年版，第一卷，第 115 页）。

者的更高级的规范的观念。在邦联以及在各州，普通立法和宪法性立法分别有不同的立法机构进行，法官监督着普通立法权力服从宪法性规范的限制。如果根据法官的判断某一部法律侵犯了基本权利，他必须禁止其实施。即使在今天，各种权利宣言还依然被美国人视作是对少数人的实际的保护。[①] 这一点将基本权利与欧洲国家的“获得保障的权利”区分开来。美国的各种权利宣言不仅仅在名义上是更高级种类的法律，而且它们是更高级的法律制定者的产物。在欧洲，虽然各种宪法为修改自身规定制定了形式上的重重障碍，但是几乎在哪都一样的是，立法者自己可以决定是否修改。即使在瑞士邦联，也无从发现对立法是否遵守这些形式的司法监督。尽管在瑞士，就像在美国一样，宪法性法律是从不同于普通立法的其他机构中产生的。

美国的各种权利宣言不是仅仅试图为政府组织设立特定的原则，它们更首先试图在国家和个人之间划定界限。依据这些权利宣言，个人并不是通过政府（的同意）才成为权利的所有者，而是根据其自身的自然天性拥有不可分离和不可取消的权利。这一观念对于英国法律来说是陌生的。英国法律不希望承认一种永久的、自然的权利，英国法律所承认的是一种从英国人的父辈们那继承来的，“英国人民的古老的、毫无疑问的权利”。

英国的臣民的权利这一观念在这一点上是非常清楚的。当我

① 关于这一点，参见库利：《宪法性限制》（Cooley，*Constitutional Limitations*），第六版，波士顿，1890 年版，第七章。即使在权利法案中包含着可以“依照法律”剥夺一个人的财产的规定，这一规定也不应该体现在州宪法中。违反这一规定的法律将会根据对立法权限的基本限制而无效。上引书，第 208 页。

们仔细研读英国的《权利法案》的时候，我们就会发现这部法律只是略微提到了个人权利。《权利法案》规定，法律不得被停止；法律不得对任何人免于执行；不得设立特别法庭；不得实施酷刑；陪审员应当公正地加以挑选和解散；非经法律许可不得征税；非经国会同意不得保持常备军；国会选举应当自由进行以及国会应当经常召开——所有这些规定都不是个人的权利，而是政府的义务。在英国《权利法案》的十三条规定之中，只有两条以臣民的权利的形式包含着对个人权利的规定。[①] 其中之一是在国会中的言论自由。尽管英国《权利法案》的所有规定都被认为是英国人民的权利和自由，[②]但它是通过"对王权进行的限制同时也就是(实现了)人民的权利"这一信念实现的。

这一信念是从条顿国家中世纪的观念之中直接发展而来的。当古代国家从历史的开初就是作为不可分割的公民共同体的城邦国家(πσλιζ 或 civitas)出现的时候，君主制的条顿国家则从一开始在形式上就是封建制的，即：君主与人民不是形成一个统一的整体，而是作为独立的因素相互对立的。因此，在那个时代的观念中，国家实质上就是君主和人民之间的契约关系。罗马法律理论和教会的法律理论则在古代传统的影响之下甚至早在 11 世纪就试图在契约的基础上将这两种因素(君主和人民)融合在一起。这种努力表现为：要么认为是人民把他们的权利赋予君主，并由此形成了国家政府；另一种理论则认为君主只是获得了人民授权的代

① 向国王请愿的权利(第五项)，和作为清教徒臣民为进行适当防卫携带武器的权利(第七项)。

② "他们主张、要求与坚持上述各条为他们无可置疑之权利与自由。"

理人，并由此使得君主和国家合二为一。然而，尤其是等级制国家诞生以来，在公法领域流行的观念更多地是把国家视作是君主和人民之间的双向契约(double condition of the contract)。法律则形成了这个合意的内容。因此，对于君主而言，法律建立了使得他可以要求人民服从法律的权利；而人民则有权利要求君主遵从法律施加的限制。相应地，人民有要求君主实现法律的权利。因此，所有的法律都创制了人民的个人权利。人民这个术语以一种含混的方式既指个人，又指全体——个人和全体(singuli et universi)。[①] 从这一观点来看，国会应当经常召集，法官不应当施加残酷刑罚以及英国权利法案所规定的其他东西都应当是人民的权利。

这种法律是双面，并为双方(君主和人民)确立了权利的观念在早期英国历史上贯穿始终。经过法律授予的权利代代相传，这些权利成为了世袭的并由此成为由出生即可获得的权利。在亨利六世的统治下，这一做法被宣布为以下法律："法律是国王所拥有的最高的遗产；国王和他的臣民都是被法律管辖的。如果没有法律，就不会有国王，也不会有遗产。"(La ley est le plus haute inheritance que le roy ad; car par la ley il même et toutes ses sujets sont rulés, et si la ley ne fuit, nul roy et nul inheritance sera.)[②]在

① 古老的英国各种宪章提出"权利和自由"(jura et libertates)的拥有者时，时而是"王国的人"(homines in regno nostro)，时而是"王国"(regnum)自己。《权利请愿书》提及了"臣民的权利和自由"，但是这些权利和自由也是"这个王国的法律和自由习俗"。

② 《英国年鉴》第19卷(*Year Books* XIX)，格奈斯特：《英国宪法史》(Gneist, *Englische Verfassungsgeschichte*)，第450页。

《权利请愿书》中，英国国会宣告：臣民通过法律继承了他们的自由。[1] 正如在《王位继承法》(*the Act of Settlement*)所表达的一样，法律是“人民与生俱来的权利”[2]。

因此，我们在17世纪的英国法律中看到的不过是古代的“权利与自由”。国会只一直是在要求确认“这一王国的法律和法规”，也就是说，要求加强在国王和人民之间已经存在的关系。在所有这些文件中没有一个字提到什么新的权利。因此，也就不会有什么重要的基本权利，诸如宗教自由、集会的权利、媒体自由，或者迁徙自由等等。一直到今天，英国的法律理论也不承认这些权利，只是认为这些个人自由的边界是受到法律的普遍原则保护的，任何对个人的限制只能来自法律的授权。[3] 依据今天的英国观念，自由的权利只建立在法律至上的基础上——至上的是法律，而不是个人权利。[4] 那种在德国由格贝尔(Gerber)创立，并得到拉班德(Laband)以及其他一些人支持，认为自由权利只是政府义务的理

① “通过刚才提到的立法，以及这一领域其他的良好法律，你们这些臣民继承了这种自由。”伽德纳：《清教革命宪法文件》(Gardiner, *The Constitutional Documents of the Puritan Revolution*)，牛津，1889年版，第1、2页。

② “英格兰的法律是人民的与生俱来的权利。”《王位继承法》，第四条，斯塔布斯：《英国宪章选》(*Stubbs Select Charters*)，第七版，1890年版，第531页。长子继承权(Birthright)：由于出生就可获得的权利；由于出生可获得的诸项权利，特权，或财产；遗产或财产(特别是指第一个孩子可以获得的特殊权利)。参见默里：《论历史原则的英语词典》(Murray, *A New English Dictionary on Historical Principles*)，Birthright 词条。

③ 参见戴雪(Dicey)指南性著作《英宪精义》(*Introduction to the Study of the Law of the Constitution*)，第三版，1889年版，第171页以下。

④ “它们是客观的，而不是主观的权利。”戴雪书，第184页以下，第193页以下，第223页以下。戴雪在“法治”这一节中论述了自由权利的整个信条。据他的观点，在英格兰，个体自由只与允许通过法律限制个人相关。

论，在英国迅速出现，而这一理论在英国的出现与德国人的教诲并无关系，它们之所以出现是因为以洛克和布莱克斯通（Blackstone）为基础的、作为自然权利的个人权利观念在英国已经失去了影响力。

但是，即使对于洛克来说，他的自然权利观念也与古老的英国观念有着密切的联系。当洛克认为财产权（洛克的财产权包括生命和自由）是一种先于国家存在的个人权利的时候，他认为国家不过是为了保护财产权而成立的社会共同体，这一向国家的转变使得自然权利转变为市民权利（civil right）。在此，洛克也并没有赋予在国家之内的人任何特定的基本权利的意思，他只是为了实现国家的目的而对立法权力施加了某些积极的限制。[①] 然而，当我们仔细研究这些限制，我们就会发现这些限制不过是英国《权利法案》中最重要的一些规定而已，这些规定早在他的《政府论》出现之前就已经成为法律。[②]

布莱克斯通是第一个（1765 年）把自己的个人绝对权利教条观念建立在个体的个人权利观念之上的人。他认为，安全、自由和财产是每一个英国人的绝对权利。这些权利从本质上来说不过是减去出于公共利益的考虑而对自然权利施加的法律限制之后剩下的自然权利。[③] 法律也是作为这些权利的保护者而出现的。国会

① 这一主题在“论立法权的范围”（Of the Extent of the Legislative Power）这一章中加以论述，见《政府论》（*On Civil Government*），第十一章。

② 参见《政府论》，第十一章，第 142 小节。

③ 政治权利不过是由人类法律限制的国家自由，这一国家自由是为了——也不会超过——普遍公共福利必要的权宜之计（的需要）。参见《政府论》，第 125(113)页。

的所有法律，对皇家特权的限制，法庭的保护，请愿的权利，持有武器的权利等等在《权利法案》中出现的权利都是英国人的权利，实际上它们都是为了帮助保护这三项主要权利（即安全、自由和财产）而作为辅助性的权利出现的。[①] 但是，尽管布莱克斯通提出了自然权利的基本概念，对于布莱克斯通来说，拥有权利的个人不仅仅是人，更是英国臣民。[②]

另一方面，美国的各种权利宣言开篇都声明人人生而平等，这些宣言提到了属于“每一个人”、“所有人类”或者“社会的每一个成员”的权利。这些宣言列举了比英国的权利宣言多得多的权利，并把这些权利认为是内在的、不可分离的。体现在美国法律之中的这一（内在的、不可分离的权利的）观念又是从何而来？

它不是来自英国法律。当时，除了自然权利观念之外并没有任何东西可以得出这些观念。但是，尽管从希腊人的时代就已经有了自然权利的观念，然而它们从来没有导致基本权利观念的形成。自然权利理论无疑在很长时间内导致了自然法和实证法的对立，虽然自然法并没有要求通过实证法来实现。乌尔比安在《学说汇纂》（*Digesta*）中的一个片段曾经宣布依据自然法所有人都是平等的，但奴隶制依然是市民法的一种制度。[③] 罗马人，尽管有各种缓和奴隶制的法律，却从来没有想过废除奴隶制这件事。人生来的自由在18世纪被许多理论家认为是与合法的奴役相兼容的。

① 参见《政府论》，第141页以下（127页以下）。

② 上引书第127（114）页，144（130）页。

③ 《学说汇纂》，L. 32 D. de R. J.，早期希腊斯多葛主义的同样类似的学说也没有在法律上成功地废止这一实践。

甚至对于那个认为人的自由构成了人的本质的洛克，在他为北卡罗来纳州所制定的宪法中也认可了奴隶和奴役。

文献本身不会产生任何东西，除非在历史和社会环境中能找到适合于实现这些文献的基础。当一个人找到了某个观念在历史文献上的起源的时候，并不意味着他就发现了这一观念的实际意义的记录。今天的政治科学的历史充满了太多的关于文献的历史，而制度本身的历史则太过缺乏。全新的政治观念的数量是很少的。大多数的观念，至少其萌芽，在关于国家的古代观念中都可以找到。但是制度则始终处在变化之中，因此必须通过制度本身的、个别的历史形式来加以把握。

第七章　盎格鲁—美国殖民地的宗教自由是通过法律建立普遍的人权观念的渊源

教会改革是建立在民主的观念上的，这一观念在英格兰16世纪末被罗伯特·布朗(Robert Browne)和他的继承者们发展到了它的逻辑顶点。他们宣布教会与教区是同一的，都是由信仰者构成的共同体，这些信仰者通过与上帝的契约将他们自己置于服从基督的义务之下。他们坚定地认为只有在共同体形成之时的共同体的意志，也就是大多数人的意志才具有权威。[①] 由于在英国受到迫害，布朗主义(Brownism)在荷兰的土地上进行了转变，尤其是通过约翰·罗宾逊(John Robinson)的阐述，变成了公理会主义(Congregationalism)，在其中，最早的(宗教)独立运动的形式出现了。公理会主义的首要原则是教会和国家的完全分离，然后是各个教区的自主。[*] 正如1616年他们致詹姆斯一世国王的请求中所表述的：这一权利是由"圣灵的政府来执行的，在其中显示了在

① 魏因加滕：《英格兰的革命教会》(Weingarten, *Die Revolutionskirchen Englands*)，第21页。

* 即不再服从罗马教会和国王的管辖。——译者

基督之下的人民的共同的和自由的同意”①。

这一在宗教领域的主权个体主义（sovereign individualism）导致了极其重要的实际后果。从它的原则中最终导致了对完全的和无任何限制的良心的自由（liberty of conscience）的要求和承认，然后最终导致确认如下观点，即：这一良心自由的权利不是任何世俗的权力赋予的权利，因此也不应该受到任何世俗权利的限制。

但是（宗教）独立运动无法将其自身局限于教会事务之内。它顺着逻辑的必然性把它的基本原则带入了政治领域。作为教会，它认为国家和每一个政治联合体都是它的原初的主权成员之间的契约的结果。② 这一契约实质上是为了追求神圣的神的戒律而缔结的，它始终是共同体的终极的法律基础。它是通过个体的原初的权利而结成的，它不仅保证安全和增进普遍福利，而且首先承认和保护个人内在的和不可分离的良心自由的权利。是所有的人民——特别是人与人之间——缔结了这份契约。由于这份协议，每一个人有义务去尊重这些自己创立的权威和自己创立的法律。

这些宗教—政治观念的出现可以被追溯到很远，因为它们并不是在宗教改革运动中才出现的。但是在这些观念的基础之上发展起来的实践则是独一无二的。因为在历史上第一次不仅仅要求

① 魏因加滕：《英格兰的革命教会》，第 25 页。

② 作为清教独立（运动）信条的观念——国家契约观念与清教徒的教会契约的观念之间的联系在博尔若书（第 9 页）和魏因加滕书（第 288 页）对清教独立分子的有力评论中可见一斑：“每一个独立的宗教共同体自由地单独决定和进行他们自己的事务的权利是人民主权信条的基础，他们把这一权利引入了现代社会的政治意识之中。”

(应该)有作为国家基础的社会契约,而是真的缔结了社会契约。而从那时开始,以前只是在尘封的学者手稿中沉睡的观念变成了强有力的、决定命运的运动。那个时代的人们相信国家建立在契约之上,并且把他们的信念付诸实践。最近的那些对上述事件知之甚少的公法著作经常把它们用作通过契约建立国家的可能的范例,而这些著作却没有意识到这些契约不过是一种抽象理论变为现实而已。

1647 年 10 月 28 日,在克伦威尔议会的军队前摆着一份由平等派(Levellers)为英格兰起草的宪法,[①]这一宪法后来被大幅度地扩展和修改,[②]并最终被送交国会要求它必须在所有英国人民前签署。[③] 在这份意义非凡的文件中,英国国会的权力受到了类似于后来的美国国会所受到的限制,未来不属于由人民代表组成的国会的立法权范围的事项被一一列举出来。而第一件就是宗教事务,这一事务被要求完全属于个人良心而不属于任何人。[④] 这些事务被认为是与生俱来的权利,"本来就有的权利",人民将坚定地誓死捍卫这些权利。[⑤]

这是宗教自由权利在英国历史上第一次,也是最后一次作为

---

① 该文献首次见于伽德纳:《伟大的内战史》(*History of the Great Civil War*),第三卷,伦敦,1891 年版,第 607—609 页。

② 最终文本见伽德纳:《清教革命宪法文件》(*Constitutional Documents of the Purilan Revolution*),牛津,1889 年版,第 270—282 页。

③ 伽德纳:《历史》(*History*),第三卷,第 568 页。

④ "宗教事务和崇敬上帝的方法根本不是我们赋予任何人类权力的。"伽德纳:《历史》,第 608 页。

⑤ 参见在伽德纳书中的文字,伽德纳:《历史》,第 609 页。

与生俱来的权利在法律中被加以确定。这一权利今天在英国在法律实践中被认同，但不是以任何明确表述的原则的形式。[①]

而在英国的北美殖民地上，宗教事务发展的情形却有所不同。

北美著名的契约是1620年11月11日，在新普利茅斯殖民地建立之前，由受到迫害和流放的清教徒祖先在“五月花”号上缔结的。41名男性为了上帝的荣耀，为了增进对基督的信仰以及国王和他们的国家的荣耀，他们宣告建立一个殖民地。为了实现良好的秩序，为了完成他们的目标，为了制定法律、任命官员，并使他们全体服从以上目标，他们彼此宣誓组成一个文明的政治共同体。[②]

由此，英国的殖民者开始了一系列的“庄园协议”（Plantation Covenants），这些协议是英国殖民者们依据他们的宗教和政治理念，认为是成立一个新的殖民地所必需的。在此，他们要考虑的仅仅是宗教自由。

在1629年，马萨诸塞第二个殖民地塞勒姆（Salem）由清教徒们建立。清教徒们忘记了自己在他们的祖国所遭受的迫害，开始对不赞同他们的宗教观念的人进行打击。1631年，一个年轻的宗教独立运动者罗杰·威廉姆斯（Roger Williams）来到马萨诸塞并立即被塞勒姆社区选为其牧师（minister）。但是他宣扬教会和国

---

① 参见戴雪上引书，第229、230页。在书中提到的几部限制表达宗教观点的法律已经失效了，虽然这些法律从未被正式地废止。

② 全文见普尔书，第一卷，第931页。殖民者们并没有建立一个独立国家的企图从整部文献来看是很明显的。在这一文献中，殖民者们把他们自己称为“我们可敬的詹姆斯国王殿下的臣民”。

家完全分离，并且要求绝对的宗教自由，不仅为基督教徒，而且为犹太人、土耳其人以及异教徒。他认为这些人应该在其国家内与其他信徒一样具有相等的民事和政治权利。一个人的良心完全属于他自己，而不是国家。[①] 由于在塞勒姆受到威胁并有危险，威廉姆斯最终和他的几个信徒放弃了塞勒姆，并在1636年在纳拉甘西特(Narragansett)印第安人的旷野中创建了普罗维登斯镇(Providence)，在那里，所有因为他们的信仰而受到迫害的人找到了一个安身之处。在这些被放逐者订立的原初的契约中，他们宣誓服从由他们大多数人制定的法律，但只限于世俗事务，宗教则绝不是立法所能涉及的主题。[②] 在此，没有任何限制的宗教自由第一次得到了承认。而这却是由一个充满了宗教热情的人做到的。

1638年，19个从普罗维登斯来的殖民者在今天的罗得岛州内建立了他们的第二个殖民地阿奎得内克(Aquedneck)。这一殖民地是依据一个非常著名的契约建立的。契约宣告："在此，我们这些将名字署于其下的人在耶和华面前庄严宣告由此组成一个政治共同体(Bodie Politik)，这一政治共同体将会帮助，将会奉献我们自己、我们的生命和财产给主耶稣基督——万王之王；奉献给他用神圣的真理的语言赐予我们的完美的和绝对的法律，这些指导和判断的法律包括——《出埃及记》24：3，4；《历代志・下》，11：3；

① 关于威廉姆斯，参见魏因加滕书第36页以下，第293页；班克罗夫特书，第一卷，第276页以下；马森：《约翰・弥尔顿的一生》(Masson, *The Life of John Milton*)，第二卷，第560页以下。从宗教独立运动到无条件的信仰自由的发展在魏因加滕的书中进行了翔实的论述，第110页以下。

② 萨缪尔・格林・阿诺德：《罗得岛州历史》(Samuel Greene Arnold, *History of the State of Rhode Island*)，第一卷，纽约，1859年版，第103页。

《列王纪·下》,11：17 等。”[1]

尽管其他人在承认良心自由方面并没有像罗杰·威廉姆斯走得那么远,但在一个新殖民地的创建中,一项社会契约是必需的这一理念仍然成为了主流观念。在另一个同样由从马萨诸塞的清教徒移居而成的殖民地上,在 1638 年《康涅狄格基本法》中,殖民者们宣布他们为了追求上帝的真言,为了保证福音赐予的自由以及他们所遵循的教会的戒律,以及在市民事务中可以依据法律进行治理而组成一个政治共同体。[2] 清教徒们反对英格兰的宗教现状,尽管他们本身也并不倾向于宽容,但最终他们还是秉持着他们的国家必须首先实现宗教自由的观念。这一点对他们来说就是可以自由地实施他们自己的宗教信念。

国家和政府依赖于契约的观念——这一观念对于美国的个人自由观念具有如此重要的意义——还由于历史环境而得到了强化。寥寥无几的几个人出发去开创殖民地。他们在莽莽原始丛林的孤寂中星星点点地散布着文明。[3] 正因如此,他们相信在国家之外,在自然的状态中生活是可能的。而当他们走出自然的状态时,他们依据的是自己的自由意志,没有受到任何世俗权力的限制。由于他们人数稀少,代议(制度)在一开始是不必要的。所有的决定都是在所有成员均可参加的市镇集会上作出的。由此,直接民主的形式自然而然地从特定的条件中诞生并强化了他们的信

① 阿诺德书,第 124 页。

② 《康涅狄格基本法》,普尔书,第一卷,第 249 页。

③ 在新英格兰的移民的总数目在 1640 年最高达到 22,000 人。其中新普利茅斯 3,000人,康涅狄格不到 2,000 人。马森,上引书,第 548—550 页。

念。而他们的信念与古老的英国信念——人民的主权是立法和政府的基础——并不对应。对于可以指出他们的国家的开端正是如此的这一代人来说,激发了 1776 年的革命者的那些政治观念看起来是确凿无疑的:正如我们在《独立宣言》中所看到的那样,它们是“不证自明的”。

罗杰·威廉姆斯如此热切地争取的固有的基本的宗教自由权利在 17 世纪正式获得了官方法律的认可,首先是 1647 年在罗得岛,然后是在 1663 年查尔斯二世授予罗得岛和普罗维登斯庄园殖民地的特许状中。[①] 英王在此以值得铭记的方式特许批准了殖民地的要求,并令:未来在上述殖民地中任何人不得因为在宗教事务观点上的任何差异而受到妨害、遭受惩罚或被传讯;任何人在任何时间都应当具有完全的良心自由,只要行为人以一种和平的方式进行行为并没有以放纵或亵渎神明的方式滥用此种自由,也没有伤害或侵扰他人即可。[②] 这样,一个殖民地就在它的母国还在为此种权利进行白热化的争夺的时候被授予了这种权利。类似的原则在欧洲则第一次出现在普鲁士的《腓特烈大帝习惯法》

① 殖民地和母国之间的遥远距离使得这一自由看起来没有那么危险,尽管在英格兰这一自由正处在激烈的争论之中。查尔斯二世由于厌恶清教徒试图给予脱离马萨诸塞的各个殖民地尽可能多的优惠。

② “我们皇家的愿望和快乐是在这个殖民地之中,从今往后,再没有人会因为宗教事务意见上的差异而受到骚扰,遭受惩罚,被扰乱其安宁,或者被质问;任何人也不能因为(宗教事务)而扰乱殖民地的安宁。从今以后,每一个人在这片土地上都可以在宗教事务上充分地和自由地拥有其良心和判断。他们应当和平和安静地行使它们(自己的宗教自由),不用这一自由去放浪形骸或者亵渎神圣,也不对他人造成伤害或侵扰。任何包含或者将会包含该领域的习惯的法律、立法或者条款不得与此相背。”普尔书,第二卷,第 1596、1597 页。

(*the Practice of Frederick the Great*)中,但宗教自由的原则则在其他殖民地也或多或少得到了承认。信奉天主教的马里兰州在1649年对于任何承认耶稣基督的人赋予了实践其宗教信仰的自由。[①] 值得一提的还有洛克为北卡罗来纳州准备的著名的宪法。这部宪法于1669年生效。这部宪法与洛克在《政府论两篇》中的原则很少有相符之处。它不是建立在权利的平等的原则上的,而是建立在对(宗教)异见者以及犹太人和异教徒的宽容之上的。[②] 它容许任何宗教团体只要有7个人就可以建立一个教会或者信仰团体。[③] 在宗教事务上禁止任何强制行为,但是每个年满17岁的居民都必须要宣布他属于哪个教会组织并必须在某个教会登记,否则将会成为不受法律保护的人。[④] 针对任何宗教集会的暴力行为都被严格禁止。[⑤] 在此,洛克的心思并非着眼于政治自由的原则,而是试图为全面的宗教自由开辟道路。尽管在他的论文《政府论》(*On Civil Government*)中并没有一个字提到良心自由的权利(但在他著名的《论宽容》(*Letters on Toleration*)一书中他对这一权利进行了积极的辩护),但北卡罗来纳州宪法则显示出在洛克的具体计划中,这一权利占据着首要位置。因此,洛克也提出了良心的自由,并把它作为首要的和最神圣的权利,其重要性超过了

① 班克罗夫特书,第一卷,第193页,E.罗伊德·哈里斯:《马里兰殖民地的教会和国家》(E. Lloyd Harris, *Church and State in the Maryland Colony*),毕业论文,海德堡大学,1894年版,第26页以下。

② 卡罗来纳州在1665年特许状中已经有了宗教宽容。普尔书,第二卷,第1397页。洛克自己也希望实现完全宗教自由。参见拉波拉耶书,第一卷,第397页。

③ 北卡罗来纳《宪法》第九十七条,普尔书,第二卷,第1406—1407页。

④ 北卡罗来纳《宪法》第一百〇一条。同上书。

⑤ 北卡罗来纳《宪法》第一百〇二条、第一百〇六条。同上书。

所有其他权利。这位认为自由是人从自然中获得的不可剥夺的礼物的哲学家在他组建政府时对实施奴役制和奴隶制没有丝毫犹豫，但在这一新的封建国家中，他却不遗余力地贯彻着宗教宽容。

在其他的殖民地中，新泽西在1664年，纽约在1665年宣布了实施广泛的宗教宽容。[①] 纽约州早在他们还在荷兰人统治之下的时候就已经在宗教事务上宣布了自由原则。1683年，纽约规定：任何信仰耶稣基督的人不得因观点的不同而以任何理由受到迫害。同年，威廉·佩恩（William Penn）为国王授予他的殖民地——他以他父亲的名字把这块殖民地称为宾夕法尼亚——在民主的基础上制定了一部宪法。其中宣布：任何信仰上帝的人不得以任何方式被强迫参加任何宗教信仰或者因此遭到迫害。[②] 而佩恩在后来（1701）制定生效并一直沿用到1776年的宪法中，首先强调：即使当一个人被赋予了伟大的市民自由时，他仍然可能并不会真正快乐，除非其良心的自由也得到承认。[③] 随即，他庄严地许诺他自已和他的继承者承认这一自由，并且宣告：这一自由应当是永远不可侵犯的；并且这一条款的表述在任何特殊条件下都不应被改变。[④] 因此，这一宪法原则立即被赋予了永久有效（*in perpetuum valitura*）的效力。

---

① C.艾利斯·史蒂文斯：《美国宪法渊源》（C. Ellis Stevens, *Sources of the Constitution of the United States*），纽约，1894年版，第217页。

② 《英格兰法律》（*Laws agreed upon in England*），第三十五条，普尔书，第二卷，第1526页。

③ 《宾夕法尼亚权利特许状》（*Charter of Privileges for Pennsylvania*），第一条，普尔书，第二卷，第1537页。如果要获得公职，必须要承认耶稣基督是救世主。但不需要是某一特定教派的成员。

④ 第八条，第三节。

1692年，马萨诸塞收到了威廉三世的特许状，这一特许状以1689年的《宽容法》为范例赋予了除天主教徒之外的所有基督徒以全面的自由；[①]佐治亚则在1732年由乔治二世授予了类似的法律。[②]

这样，宗教自由的原则在美国或多或少都获得了宪法承认。在与伟大的宗教政治运动的紧密联系中诞生了美国的民主以及一种信念，即：存在着一种不是由国家授予公民的权利，而是与生俱来的人的权利。良心的行为以及宗教信念的表达是不可侵犯的，可以对抗国家的更高级的权利。这一受到如此长久的压抑的权利不是什么"遗产"，不是什么从他们的祖先世代相传得来的权利（英国的《大宪章》和其他立法保证的就是这些世代相传的权利和自由），不是国家，而是福音书宣告了这些权利。

而当时在欧洲以及更晚的时候对宗教自由的官方表述则少得可怜。[③] 除了官方文献外，就只有在17世纪开始并在随后的改天

① 普尔书，第一卷，第950页。关于这一点，参见劳尔：《新英格兰的教会和国家》(Lauer, *Church and State in New England*)，载《约翰·霍普金斯大学研究》(*Johns Hopkins University Studies*)，第十辑，II—III卷，巴尔的摩，1892年版，第35页以下。

② 上引书，第一卷，第375页。

③ 在英格兰《宽容法案》(*Toleration Act*)第一条，威廉和玛丽第一次对（清教徒）异议者(Dissenters)给予了宽容。这一法案在安妮女王时期受到限制，在乔治一世时期又得以恢复。从乔治二世开始，异议者可以获得所有的公职。然而，正如我们所知，对天主教徒和犹太人的限制则直到我们的世纪（19世纪）才得以废止。在德国，在奥斯纳巴瑞克(Osnabriick)和平协议中出现了为数不多的对异教徒的承认之后，约瑟夫二世(Joseph II.)颁布了《（宗教）宽容特许令》(*The Toleration Patent*)在德意志创造了一种类似于早期美国的状态，1788年7月9日《腓特烈·威廉二世敕令》(*the Edict of Frederick William II.*)则把腓特烈大帝(Frederick the Great)的原则法典化了，而更重要的是把这一原则体现在《普鲁士国家普通邦法》(*Allgemeines Landrecht*)第二部分第二编第一节以下。

换地的世纪中达到顶峰的伟大的启蒙运动的文献中能找到表述。而这些自由在罗得岛和其他殖民地在17世纪中期就已经成为一个被承认的原则。良心的自由的权利被正式加以宣告，随着这一权利诞生的还有普遍的人的权利的观念。在1776年，这一权利被所有的权利法案所承认，并作为自然和内在的权利在形式上位列于其他权利之前被加以强调。[①]

这一权利的特点由新罕布什尔州的权利法案加以强调。这一法案宣告在所有的自然权利中有一些是不可分离的，因为没有人可以提供它们的替代物，良心的权利就是如此。[②]

通过法律建立不可剥夺的、与生俱来的和神圣的个人权利这一观念的来源不是政治，而是宗教。被人们认为是美国革命的结果实际上是宗教改革运动和它的抗争所产生的结果。它的第一个使徒并不是拉法耶特而是罗杰·威廉姆斯。他被他深刻

① 当然，在不同的州，为了保证所有教派成员的政治平等，这一权利的实施手段是不同的。在罗得岛之后，纽约是第一个实现了政教分离的州。弗吉尼亚则在1785年实现了政教分离。一段时间后，在许多新教州之中规定信仰基督是获得公职的必要条件。直到今天，有些州还要求信仰上帝，信仰永生或者未来的审判。马萨诸塞州在其权利法案中宣告信仰不仅仅是一种权利，也是一种义务。直到1799年还惩罚不上教堂的过失行为。在19世纪，除了一小部分地区之外，这种限制和其他类似的规定都已消失。对于美国联邦而言，依据美国宪法第六条以及著名的美国宪法第一修正案的规定，政治权利的行使是完全独立于宗教信仰的。美国宪法第一修正案规定，确立国教或禁止信教自由是被禁止的。关于目前在各州政教分离的详细情况，参见库利书第八章，第541—586页。进一步的讨论可见茹特曼：《北美教会与国家》（Rüttiman, *Kirche and Staal in Nordamerika*）（1871）。

② “在这些自然权利之中，有些权利依其本性是不能剥夺的，任何其对等物都是无法提供或获取的。这些权利就是良心的权利。”《新罕布什尔州权利法案》第四条，普尔书，第二卷，第1280页。

而强悍有力的宗教热情驱使着，进入了茫茫的荒野去建立一个宗教自由的政府。直到今天，他的名字依然被美国人满怀敬意地提起。

第八章　美国革命期间人权和公民权利体系的创造

17 世纪是一个宗教斗争的世纪。在接下来的一个世纪中，政治和宗教利益则渐渐影响了历史运动的步伐。各殖民地的民主制度是与它们的母国相对立的，而曾经把它们和母国联系起来的纽带则越来越失去了其意义。出于自身经济利益而导致的对英国的敌意日益强烈。殖民地的经济繁荣要求对殖民地的自由行动最少的限制。最后，他们感到他们不是在由他们的母国在进行治理，而是被一个外国所统治。

于是，古老的清教徒独立运动观念开始对宗教之外的其他方面发生影响。社会契约理论曾经在建立各殖民地的过程中起到了如此重要的作用，并曾经帮助他们建立了宗教自由，现在这一理论开始以非常重要的方式支持对现存的制度进行的重构。社会契约理论并没有改变这些制度，它只是为这些制度提供了一个新的基础。

殖民者们漂洋过海带来的是他们作为英国出生的臣民所具有的自由和权利。在一系列由英国国王们授予各殖民地的特许状中都特地声明：殖民者以及殖民者的后代都享有在其母国的英国人所享有的全部权利。[①] 甚至早在英国的《权利法案》之前，大多数殖民地已经将传统的英国人的自由加以汇集并立法。[②] 然而，在18世纪下半叶这些古老的权利经历了一次巨大的转变。这些由英国的国王们授予殖民地的，或者由殖民地总督认可的、世代相传的权利和自由，以及各种组织的特权虽然在文字表述上没有什么改动，但它们现在却变成了不是从某个人那里得来的权利，而是从上帝或者自然那里得来的权利。

新的权利增加进了这些古老的权利之中。随着独立于国家的良心的权利这一信念的确立，个人不可剥夺的权利的起点也随之确立。自然法理论只承认了一种个人权利——自由权或者财产权。然而，在18世纪的美国人的观念中却出现了完整的一系列的诸如此类的权利。

洛克的教诲，普芬道夫[③]的理论，以及孟德斯鸠的观念都有力地影响了那个时代的美国人的政治观念。但是一整套普遍的人权和公民权利的出现绝不能解释为仅仅是因为受到了他们几个人的影响。

---

① 肯特：《美国法释义》(Kent, *Commentaries on American Law*)，第10版，第一卷，第611页。

② 参见肯特书，第一卷，第612页以下；史蒂文斯，同上书，第208页以下。这些立法今天在美国被统称为“各州权利法案”。它们的范例毫无疑问影响了1776年以及之后的各种宣言。

③ 博尔若在第27页引用了由约翰·魏斯(John Wyse)所作的对马萨诸塞州的这些观念民主化起了重要作用的条约。这个人真名叫约翰·魏施(John Wise)，正如他自己所言，他只不过是把普芬道夫的理论作为他的工作的基础。参见约翰·魏施：《对新英格兰教会政府的辩护》(*A Vindication on the Government of New England Churches*)，波士顿，1772年版，第22页。

1764年,在波士顿出现了一本由詹姆斯·欧提斯(James Otis)撰写的著名的小册子:《英国殖民地的权利》。这本书中提出:各英国殖民地的政治权利和市民权利绝不是建立在国王授予的基础上;即使像《大宪章》这样古老的东西也不是所有权利的来源。"国会宣布所有的(英王授予的)美国殖民地特许状无效的那一天将会到来;而无论特许状发生了什么,殖民者们作为人和公民所拥有的自然的、与生俱来的和不可分离的权利依然存在并永远不能被剥夺。"[①]

在这本小册子中,对立法权力的"由上帝和自然建立的"明确限制已经以后来的权利法案的形式加以列举。而当时各殖民地与母国争议的最主要的诱因:征税的权利是所有这些限制的核心。不经各殖民地人民或者代表的同意而施加税负或者义务并不与这个国家的法律相抵触,但是与永恒的、关于自由的法律相抵触。[②]而这些对立法权力的限制正是洛克曾经列举过的限制。洛克说这些限制是"上帝和自然的法律为在所有国家和所有形式的政府的所有立法权力所施加的限制"。

但是,洛克的主张在此经历了一次激进的转变。也就是:它们从(上帝和自然的)法律(施加的限制)变成了个人权利(施加的限制)。当洛克,像后来的卢梭那样,把个人置于对共同体的大多数人的意志之下时,他在这个共同体的意志之上施加了一个限制,即国家的目的。而现在,既然是个体确立了他自己进入共同体的条

① 班克罗夫特书,第九卷,第145、146页。

② 参见约翰·亚当斯:《著作选》(John Adams, *Works*),第十章,波士顿,1856年版,第293页。

件，并在那个国家（共同体）中坚持把这些（他同意进入共同体的）条件作为权利，他就相应地在这个国家中拥有这些并非来源于国家授予的权利，并可以据此对国家提出要求。与英格兰试图限制这些（个人）权利的做法相反，正式宣告这些权利并捍卫这些权利的观念在美国变得更加强大。

这一理论的形成受到了1754年在牛津匿名出版的一本著作的影响。在这本书中第一次提到了英国人的"绝对权利"。[①] 这本书的作者就是布莱克斯通（Blackstone）。[②] 这些个人权利第一次以布莱克斯通的名义提出是在一份立法备忘录上，这份备忘录出现在欧提斯的小册子的附录上。[③] 1772年11月20日，在萨缪尔·亚当斯（Samuel Adams）的提议之下，一个宣告殖民者作为人类、基督徒和公民的权利宣言的计划被所有参与集会的波士顿公民采纳（亚当斯已经完成了这份宣言）。这一宣言诉诸于洛克并宣告：人是通过自愿的协议成立国家的，他们在国家成立之前处在一个平等的契约之中并拥有权利，这一契约设立了成立国家的条件，对国家施加限制并试图监督这些条件和限制的实现。在此之上，殖民者们因此要求其作为人的自由权和财产权；作为基督徒的应当享有的宗教自由；作为公民所享有的《大宪章》和1689年英国《权利法案》所赋予的各种权利。[④]

---

① 《英格兰法律的分析》（*Analysis of the Laws of England*），第四章。

② 它成为布莱克斯通后来的《英国法释义》（*Commentaries*）的基础。

③ 参见欧提斯：《英国殖民地的权利之确立与证明》（Otis, *The Rights of the British Colonies asserted and proved*），1764年版，伦敦重印本，第106页。

④ 参见威尔斯：《萨缪尔·亚当斯生平与公职生涯》（Wells, *The Life and Public Services of Samuel Adams*），第一卷，波士顿，1865年版，第502—507页；拉波拉耶书，第二卷，第171页。

最后，在1774年10月14日，代表着12个殖民地的大陆会议在费城集会并通过了一个权利宣言。依据这一宣言：北美殖民地的居民拥有根据永恒不变的自然法、英格兰的宪法原则以及各殖民地自己的宪法而属于他们的各种权利。[①]

从费城的权利宣言到弗吉尼亚州权利宣言很明显只是一步之遥，然而这两份文件之间的差异却是天壤之别。费城的宣言只是一种抗议，而弗吉尼亚州的宣言则是法律。在弗吉尼亚州的宣言中，对英格兰法律的诉求消失了，弗吉尼亚州庄严地承认：属于现在和未来的人们的权利是成立政府的基础。[②]

在这份宣言以及其后由现在北美各州宣布的各种权利宣言中，在已经得以确立的各种自由权——个人自由，财产自由和良心自由——旁边出现了新的权利，这些权利与殖民者们当时刚刚遭受了英格兰的蹂躏的其他个人自由相对应：集会的权利，出版自由和自由行动的自由。但是自由的权利不仅是以上这些，还有请愿的权利，请求的法律保护的要求以及遵守形式以保证（公正）审判和独立陪审团的特别要求，以及对国家的其他行为的同样的要求；另外，公民的政治权利的基础也被加以宣告。这样，依据这些宣言的作者们的意图，这些宣言涵盖了个人的所有公共权利的典型。除此之外这些宣言还包括了权力分立的原则、公职轮换[*]的原则、

① 全文见斯托里：《美国宪法评论》（Story, *Commentaries on the Consititution of the United States*）第三版，第一卷，第134页以下。

② 权利法案的标题是：弗吉尼亚善良人民的代表们，在其主体和自由的大会上制定一项权利宣言，宣言中的权利属于他们和他们的后代，并作为成立政府的基础。

* 即公职非世袭。——译者

(承担)公职(承担)责任原则、禁止名爵世袭原则。它们还进一步地包括了对立法权和执行权的特定限制,诸如禁止保持常备军或者建立国教。这些限制根本没有产生个人权利,或者说只是间接地产生了个人权利。所有这些都建立在人民主权的原则上,并在整个宪法就是所有相关的人的契约这一观念中得到最完满的体现。尤其是在这一观念中我们可以清楚地看到古老的清教徒独立运动中的契约观念的长久影响。这一观念的新的力量后来在历史中很明显地得以展现。在今天的美国各州,无论宪法的修改是直接由人民进行还是通过宪法集会来进行,在这一民主制度中,依然可以看到那些曾经激励了康涅狄格州和罗得岛州的殖民者先辈的同样观念依然存在。

无论在何处,权利法案都构成了宪法的第一部分,其后是政府框架作为第二部分。首先建立的是国家的创制者——自由和没有受到限制的个人——的权利,然后才是个人创造的权利,也就是共同体(国家)的权利。

尽管各部宪法都有这些基本的原则,但在实际立法中执行这些基本原则时在各州之间就出现了巨大的差异。尽管这些差异后来大为减轻,但即使到今天这些差异也没有完全消失。因此,正如上文所提到的,宗教自由尽管受到了各州宪法的普遍承认,这一自由并不是在所有的地方立即得到完全实施。尽管有每一个人生来都是平等的与自由的宣告,奴隶制在当时也没有被废除。在继续实施奴隶制的州,宣言中的"人"指的是"自由人"。

因此,被正式加以宣告的权利原来是属于所有的"居民"的,在奴隶制州则是属于所有的"白人"的。直到后来,美利坚合众国的公民资格才成了在大多数州行使政治权利的前提。

至此，我们已经看到，那些在殖民地上实施的或老或新的英国法律经历了多么非同寻常的发展过程后，才从中产生了个体权利范围的观念，这一观念认为这些权利是独立于国家的，国家只是承认这些权利。然而，实际上，各种权利宣言只不过用特定的普遍模式表达了各种权利的现存状况。

美国人不过是希望把他们现在已经享有的权利宣布为一种不仅为他们自己所拥有，也为所有的自由的人民所拥有的永久性的财产。与他们相比，法国人则是希望给予他们自己他们现在还尚未享有的东西，也就是，与他们（宣告）的普遍原则相对应的制度。在美国的各种权利宣言与法国的《人权与公民权利宣言》之间的最重要的区别就是：在美国是制度的存在先于对个人权利的承认；而在法国则是制度的存在跟随着对个人权利的承认。就这一点而言，在德国法兰克福举行的德国国民会议上也存在类似的致命的错误，这一会议试图先决定个体的权利是什么，然后再成立国家。德国还尚未成立，但这一尚不存在的国家不能去做什么以及它必须为什么让路已经被决定了。美国人则可以平静地把他们的权利宣言置于他们的政府方案之前，因为政府和控制政府的法律早就已经存在了。

无论如何，从本文的研究中得出一点是确凿无疑的。那就是，1789 年法国《人权宣言》的原则实际上就是 1776 年美国《独立宣言》的原则。

第九章　人权和条顿权利观念

在本文的结尾，还有一个问题有待回答：个人的原初权利和国家契约的观念可以追溯到古希腊时代的智者时代，这些观念在中世纪的自然法理论中得到了进一步的发展，并由宗教改革的大潮继续推进，问题是，为什么这些观念是在英格兰及其殖民地第一次获得了划时代的重要性？为什么是在一个总体上来说彻底的君主制的国家中？这一国家的所有制度不可避免地与王权相联系，也只有通过王权才能彻底地理解这些制度。共和的观念是怎样渗入这个国家并彻底改变这个国家的结构的？

这一直接原因清晰地展现在我们面前。首先是在斯图亚特王朝和英国民族的权利观念之间存在着的敌意，斯图亚特王朝来自国外，并试图依据其神圣权利进行统治；其次是由于对英格兰和苏格兰的王权进行的宗教战争，这两件事看起来非常有利于这些能够激发对立的观念的传播。然而，从16世纪末期到17世纪中期在许多欧洲大陆国家也存在着类似的条件。在这些国家也出现了各阶层对正在逐步向专制主义靠拢的王权的反对，令人恐惧的宗教战争在这些国家爆发，难以计数的作家怀着激情试图建立人民的权利以及个人反抗统治者的权利。毫无疑问，在欧洲大陆的革命观念导致在法国人民处死了自己的君主，但在法国并没有试图重新构建整个国家体系的努力。洛克的自然法观念看起来似乎在英格兰之外毫无影响。欧洲大陆的自然法观念在18世纪末的法国大革命的伟大的社会变革中才第一次起到了重要作用。

这与英格兰相较于大陆国家受罗马法的影响的结果不无关系。英国的法律观念并非没有受到罗马法的影响,但它并不像大陆国家那样受到罗马法如此深刻的影响。尤其是英国的公法实际上是在条顿人的法律观念基础上发展起来的。而条顿人原初的权利观念从来没有被后来罗马人的全能国家的观念所取代。

然而条顿国家——尽管与古代不同(就我们现在所知而言)——也是从一开始的孱弱国家逐步走向集权的。条顿国家的能力在开始是非常有限的。个人一开始受到其家庭和部落的极大限制,而不是受到国家的极大限制。中世纪的政治生活更多的是在各种团体(associations)之中,而不是在各种刚刚以初级形式出现的国家之中。

在近代早期,国家的权力开始集中。这一点在英格兰可能更容易发生,因为诺曼国王们已经有力地进行了集中管理。早在16世纪末,托马斯·史密斯爵士(Sir Thomas Smith)就已经论及英国国会不受限制的权力,[①]国会的权力后来被柯克宣布为"绝对的

① "英格兰最高的和绝对的权力由议会掌握……罗马人曾经在人民大会或者部落大会上所能做的一切,英格兰议会同样可以做。它代表和拥有所有领域的权力,它既是头,又是身体。"《英联邦》(*The Commonwealth of England*),1589年,第二部分,重印于普罗瑟罗编:《伊丽莎白一世和詹姆斯一世执政时期的立法和文献选》(Prothero,*Select Statutes and Documents of Elizabeth and James I.*),牛津,1894年版,第178页。

和超越的”。[①]

但是这一权力仅在法律的名义上被英国人认为是没有限制的。国家，以及国会和国王都受到实际的限制，这才是英格兰人民无时无刻所具有的信念。

《大宪章》宣告其所承认的自由和权利是“永久地”(*in perpetuum*)得到保障的。[②] 在英国的《权利法案》中则宣告包含在法案中的所有权利“永远是这一王国的法律”。[③] 尽管国家名义上是全能的，但有些界限国家不应该逾越这一点在所有重要的基本法中都得到了特别的要求并被承认。

在这些名义上是法律但实际上是毫无意义的规定中，古老的条顿法律观念，即：国家的行动范围是有限的这一观念得以在其中体现。

宗教改革运动同样是建立在国家受到限制的观念之上的。然而，在此出现了由历史的发展形成的对国家的第二个限制。中世纪国家不仅受到其组成成员的力量的限制，同时也受教会的限制。至于国家的权利在精神性事务中能够扩展到多远的问题则只能在宗教改革之后才能提出，因为通过宗教改革，这些在中世纪已经确定的界限又重新变成了可以争论的问题。宗教领域的界定和国家权力从宗教领域的缩回同样也是历史发展导致的必然出现的问题。

因此，个人权利优于国家的观念在 17 世纪英格兰的整个历史

① 柯克：《英格兰法总论》(*The Institutes of the Laws of England*)，第四卷，第 36 页。

② 《大宪章》第 63 条。斯塔布斯书第 306 页。

③ 英国《权利法案》，第二条。斯塔布斯书，第 527 页。

环境中找到了自己的支撑。自然法的观念与从未消亡的古老的权利观念相结合，并以新的形式出现。

这一点对于欧洲大陆产生的各种理论也是一样的。自从历史学派占据了主流地位以来，人们习惯于将自然法的观念看作不可能的梦想。但是一个因此而被忽略的重要的事实是：没有任何一种理论，也没有任何一种事务，无论其可能看起来多么抽象，能够完全在历史现实领域之外对其所在的时代发生影响。

对于正确地从法律的角度去理解国家和个人的关系来说，洞悉这些历史事实是至关重要的。在此存在着两种均能被逻辑地加以推导出来的可能性。一种可能认为：个人权利的所有范围都是由于国家的授予和许可所产生的。另外一种可能则认为：国家不仅产生了个人权利，而且还给个体留下了一定程度的自由。国家自己不会以整体利益的名义要求（限制）这些自由。无论如何，国家并没有创造这些自由，而只是承认这些自由。

第一种观念是建立在国家全能的观念的基础之上的。这种观念在 16 世纪和 17 世纪的专制主义者的信条中得到最明显的体现。它的极端结果被一位诗人在他对法律的疑问中加以质问：

"Jahrelang schon bedien' ich mich meiner Nase zum Riechen;

Hab' ich denn wirklich an sie auch ein erweisliches Recht?"[1]

另一方面，第二种理论则是与历史事实相对应的条顿式的权

① 多年来我一直用我的鼻子去闻，是否证明我因此就获得了用鼻子去闻的权利？（这句诗的意思是权利并非来自历史，而是来自国家的授予和许可。——译者）

利观念，这些历史事实是在国家权力的逐步发展中形成的。如果自然权利是一种没有历史语境的权利，那么，对于现代国家来说，第一种理论就相当于是自然权利理论，第二种则是历史权利理论。无论这些获得了承认的自由的边界随着时间的改变如何变迁，这些边界始终存在的观念在条顿民族中从未消失，即使是在专制国家的时期。[①]

相应地，这种自由不是被创造的，而是被承认的。这种自由是国家在自我限制并在界定必须保留给统治者的空间与国家为个人提供的空间时承认的。因此，剩下的东西与其说是一种权利，倒不如说是一种环境。自然权利理论的巨大错误就在于把自由的现实环境当作了一种权利并把这种权利赋予了一个更高的权力，并相信是这个更高的权力创造并限制了国家。[②]

初看起来，一个人的行动是直接由国家准许的还是只是间接地由国家承认的这个问题并没有什么重要的实际意义。但是，法律科学的任务不仅仅是训练法官和执法官员以及教会他们如何决定疑难案件。厘清在个人和社会共同体之间存在着的真实界限是任何有远见的人类社会必须要解决的最高问题。

① 所有的个体自由权利都是国家让与的观念最近由特兹（Tezner）加以提倡，见《私法与公法杂志》(*Grünhuts Zeitschrift für Privat-und öffentliches Recht*)，第 21 卷，第 136 页起。他试图反对自然法领域的观念。对于这么重要的问题的决定只能通过谨慎的历史分析才能完成。历史分析将会对不同的时代显示出不同的结果。例如，自由的法律性质在古代国家和在现代国家是不同的。法律辩证法可以轻易地用同样的逻辑精确性从针锋相对的原则推导出给定的条件。正确的原则不是由法理学教授的，而是由历史教授的。

② 更多的关于该问题的论述，见耶里内克上引书第 43 页，89 页以下。

附录一　法国《人权与公民权利宣言》

1789 年 8 月

组成国民议会的法国人民的代表们，认为不知人权、忽视人权或轻蔑人权是公众不幸的政府腐败的唯一原因，所以决定把自然的、不可剥夺的和神圣的人权阐明于庄严的宣言之中，以便本宣言可以经常呈现在社会各个成员之前，使他们不断地想到他们的权利和义务；以便立法权的决议和行政权的决定因能随时和整个政治机构的目标两相比较，从而能更加受到他们的尊重；以便公民们今后以简单而无可争辩的原则为根据的那些要求能经常针对着宪法与全体幸福之维护。

因此，国会议会在主宰面前并在他的庇护之下确认并宣布下述的人与公民的权利：

第一条　在权利方面，人们生来是而且始终是自由平等的。社会差别只能基于对公共利益的考虑。

第二条　任何政治结合的目的都在于保护人的自然的和不可动摇的权利。这些权利就是自由、财产、安全和反抗压迫。

第三条　一切主权在本质上均源于国民。任何团体、任何个人都不得行使主权所未明确授予的权力。

第四条　自由就是指有权从事一切无害于他人的行为。因此，各人的自然权利的行使，只以保证社会上其他成员能享有同样权利为限制。这些限制只能通过法律加以确定。

第五条　法律仅有权禁止有害于社会的行为。凡未经法律禁止的事情都不得阻止，而且任何人都不得去做法律并没有明确规定的行为。

第六条　法律是公共意志的表现。所有的公民都有权亲身或经由其代表去参与法律的制定。法律对于所有的人，无论是施行保护或处罚都是一样的。在法律面前，所有的公民都是平等的，故他们都能平等地按其能力担任一切官职、公共职位和职务，除德行和才能上的差别外不得有其他差别。

第七条　除非在法律所规定的情况下并按照法律所指示的手续，不得控告、逮捕或拘留任何人。凡动议、发布、执行或令人执行专断命令者应受处罚；但根据法律而被传唤或被扣押的公民应当立即服从；抗拒则构成犯罪。

第八条　法律只应规定确实需要和显然不可少的刑罚，而且除非根据在犯法前已经制定和公布的且系依法施行的法律以外，不得处罚任何人。

第九条　任何人在其未被宣告为犯罪以前应被推定为无罪，即使认为必须予以逮捕，但为扣留其人身所不需要的各种残酷行为都应受到法律的严厉制裁。

第十条　意见的发表只要不扰乱法律所规定的公共秩序，任何人都不得因其意见、甚至信教的意见而遭受干涉。

第十一条　自由传达思想和意见是人类最宝贵的权利之一；因此，各个公民都有言论、著述和出版的自由，但在法律所规定的情况下，应对滥用此项自由负担责任。

第十二条 人权的保障需要有武装的力量；因此，这种力量是为了全体的利益而不是为了此种力量的受任人的个人利益而设立的。

第十三条 为了武装力量的维持和行政管理的支出，公共赋税就成为必不可少的；赋税应在全体公民之间按其能力做平等的分摊。

第十四条 所有公民都有权亲身或由其代表来确定赋税的必要性，自由地加以认可，注意其用途，决定税额、税率、客体、征收方式和时期。

第十五条 社会有权要求机关公务人员报告其工作。

第十六条 凡权利无保障和分权未确立的社会，就没有宪法。

第十七条 财产权是不可侵犯的和神圣的权利，除非当合法认定的公共需要所显然必需时，且在公平而预先赔偿的条件下，任何人的财产权不得受到剥夺。

附录二　美国弗吉尼亚《权利宣言》

1776 年 6 月

弗吉尼亚善良人民的代表，在其全体和自由集会上制定的一项权利宣言；宣言中所列权利属于他们及其后裔，是政府的基础。

第一条　人人生来自由、平等与独立，并享有某些天赋人权，即当他们结合为一个社会时，他们不能凭任何契约剥夺其后裔的这些权利；这些权利，即享受生活与自由的权利，包括获取与拥有财产、追求和享有幸福与安全。

第二条　所有权力都属于人民，因而也都源于人民；所有行政官员都是他们的受托人与仆人，无论什么时候都应服从人民。

第三条　政府是或者应当是为了人民、国家或社会的共同利益、保障和安全而设立的；在所有各种形式的政府中，最好的政府是能够提供最大幸福和安全的政府，是能够最有效地防止弊政危险的政府。因此，当发现任何政府不合乎甚至违反这些宗旨时，社会大众享有不容置疑、不可剥夺和不能取消的权利，以公认为最有助于大众利益的方式改革、变换或废除政府。

第四条　除非为了服务公众，任何个人或群体都无权从社会获取独占的或单独的报酬或特权；行政官员、立法者或法官等职位均不应实行世袭制。

第五条　州的立法权和行政权应与司法权分立，并应有明显的界限；前两者的成员如能感受并分担人民的疾苦，就可能不至于压迫人民；他们应在规定的任职期限后恢复平民身份，回到他们原来所在的机构，其空缺则应通过经常的、确定的、定期的选举来填补；在选举中，将按照法律规定，确定以前的所有成员或部分成员是否仍符合资格。

第六条　遴选担任人民代表之议员的各项选举均应自由进行；凡能够证明与本社会有永久性共同利益关系，并属于本社会的人都享有选举权；未经选举人本人，或通过这种方式选出的其代表同意，不能对选举人征税或剥夺其财产供公用；选举人也不受任何未经他们为公众利益而以同种方式同意的法律的约束。

第七条　任何当局未经人民代表同意而中止法律或执行法律的所有权力，都有损于人民的权利，因此均不得行使。

第八条　在所有可判死刑的案件或刑事诉讼中，被告有权要求知道被控的原因和罪名、与原告和证人对质、要求查证对其有利的证据，并有权要求来自其邻近地区的十二人公正陪审团进行迅速审判；未经陪审团的一致同意，不能判其有罪，也不能强迫被告自证其罪；除非根据当地法律或由同等地位的公民所组成的陪审团的判决，否则不得剥夺任何人的自由。

第九条　不得要求过多的保释金，不得课以过高的罚款，不得处以残酷、逾常的刑罚。

第十条　为官员或执法人员签发一般搜查证或逮捕证，使其在未获得犯罪事实的证据之前可藉此搜查可疑地点，或逮捕未经指名或其罪行未经具体说明且无证据佐证的人，这实属一种严重的错误和压迫行为，绝对不应签发。

第十一条　在财产纠纷和人与人之间的诉讼案件中，应由陪审团进行裁定，这一古老的审判程序比任何其它程序更可取，应予以保持并视为神圣不可侵犯。

第十二条　新闻自由乃自由的重要保障之一，绝不能加以限制，只有专制政府才会限制这种自由。

第十三条　由受过军事训练的公民组成的管理得当的民兵队伍，乃自由州的正当、自然而安全的保障；在和平时期，常备军会危及自由，应避免设置；在任何情况下，军队都应严格服从公民权力，并受其统治。

第十四条　人民有权享有一个统一的政府；因此，在弗吉尼亚地区内，不得于弗吉尼亚政府之外另行成立或建立任何政府。

第十五条　必须严格坚持公正、适度、节制和节俭等各种优良品德，并经常回顾各项基本原则，否则任何人民都不能保有自由的政府，也无法享受上帝所赐的自由。

第十六条　宗教、亦即我们对创世主所负有的责任以及履行这种责任的方式，只能由理智和信念加以引导，不能诉诸武力或暴力；因此，任何人都拥有按照良知的指示，自由信仰宗教的平等权利；同样，所有人都有责任以基督教的克制、博爱和仁慈对待他人。

附录三　英国《权利法案》

1689 年 10 月

国会两院经依法集会于西敏寺宫，为确保英国人民传统之权利与自由而制定本法律。

第一条　凡未经国会同意，以国王权威停止法律或停止法律实施之僭越权力，皆属非法。

第二条　近来以国王权威擅自废除法律或法律实施之僭越权力，皆属非法。

第三条　设立审理宗教事务之钦差法庭之指令，以及一切其他同类指令与法庭，皆为非法而有害。

第四条　凡未经国会准许，借口国王特权，为国王而征收，或供国王使用而征收金钱，超出国会准许之时限或方式者，皆属非法。

第五条　向国王请愿，乃臣民之权利，一切对此项请愿之判罪或控告，皆为非法。

第六条　除经国会同意外，平时在本王国内征募或维持常备军，皆属违法。

第七条　凡臣民系新教徒者，为防卫起见，可以根据自身情况，并在法律许可范围内，置备武器。

第八条　议会的选举应是自由的。

第九条　国会内的言论自由、辩论或议事自由，不应在国会以外之任何法院或任何地方，受到控告或讯问。

第十条　不应要求过多的保释金，不应强加过多的罚款，更不应滥施残酷而不寻常的刑罚。

第十一条　陪审员应予正式记名列表并予以公布，凡审理叛国犯案件的陪审员应为世袭土地自由保有人。

第十二条　定罪前，特定人的一切让与及对罚金与没收财产所做的一切承诺，皆属非法而无效。

第十三条　为申雪一切诉冤，并为修正、加强与维护法律起见，国会应经常召集。

彼等（即灵俗两界贵族与众议员等）并主张、要求与坚持上述各条为彼等无可置疑之权利与自由；凡上开各条中有损人民之任何宣告、判决、行为或诉讼程序，今后断不应据之以为结论或先例。

附录四　美国《宪法》前十条修正案

第一条修正案

国会不得制定关于下列事项的法律：确立国教或禁止宗教活动自由；限制言论自由或出版自由；剥夺公民和平集会和向政府请愿申冤的权利。

第二条修正案

纪律严明的民兵是保障自由州的安全所必需的，因此人民持有和携带武器的权利不得侵犯。

第三条修正案

在和平时期，未经房主同意，士兵不得在民房驻扎；除依法律规定的方式，战时也不允许如此。

第四条修正案

人民的人身、住宅、文件和财产不受无理搜查和扣押的权利，不得侵犯。除依照合理根据，以宣誓或代誓宣言保证，并具体说明搜查地点和扣押的人或物，不得发出搜查和扣押状。

第五条修正案

无论何人，除非根据大陪审团的报告或起诉，不得受判处死罪或其他不名誉罪行之审判，但发生在陆、海军中或发生在战时或出现公共危险时服现役的民兵中的案件，不在此限。

任何人不得因同一罪行为而两次遭受生命或身体的危害；不得在任何刑事案件中被迫自证其罪；不经正当法律程序，不得被剥夺生命、自由或财产。

不给予公平赔偿，私有财产不得充作公用。

第六条修正案

在一切刑事诉讼中，被告享有下列权利：由犯罪行为发生地的州和地区的公正陪审团予以迅速而公开的审判，该地区应事先已由法律确定；得知被控告的性质和理由；同原告证人对质；以强制程序取得对其有利的证人；取得律师帮助为其辩护。

第七条修正案

在普通法的诉讼中，其争执价值超过20元，由陪审团审判的权利应受到保护。由陪审团裁决的事实，合众国的任何法院除非按照普通法规则，不得重新审查。

第八条修正案

不得要求过多的保释金，不得处以过重的罚金，不得施加残酷和非常的惩罚。

第九条修正案

本宪法对某些权利的列举，不得被解释为否定或忽视由人民保留的其他权利。

第十条修正案

本宪法未授予合众国、也未禁止各州行使的权力，保留给各州行使，或保留给人民行使之。

附录五　美国《独立宣言》

1776 年 7 月 4 日

在有关人类事务的发展过程中，当一个民族必须解除其和另一个民族之间的政治联系，并在世界各国之间依照自然法则和上帝的意旨，接受独立和平等的地位时，出于人类舆论的尊重，必须把他们不得不独立的原因予以宣布。

我们认为下面这些真理是不言而喻的：人人生而平等，造物者赋予他们若干不可剥夺的权利，其中包括生命权、自由权和追求幸福的权利。为了保障这些权利，人类才在他们之间建立政府，而政府之正当权力，是经被治理者的同意而产生的。当任何形式的政府对这些目标具破坏作用时，人民便有权力改变或废除它，以建立一个新的政府；其赖以奠基的原则，其组织权力的方式，务使人民认为唯有这样才最可能获得他们的安全和幸福。为了慎重起见，成立多年的政府，是不应当由于轻微和短暂的原因而予以变更的。过去的一切经验也都说明，任何苦难，只要是尚能忍受，人类都宁愿容忍，而无意为了本身的权益便废除他们久已习惯了的政府。但是，当追逐同一目标的一连串滥用职权和强取豪夺发生，证明政府企图把人民置于专制统治之下时，那么人民就有权利，也有义务推翻这个政府，并为他们未来的安全建立新的保障——这就是这些殖民地过去逆来顺受的情况,也是它们现在不得不改变以前政府制度的原因。当今大不列颠国王的历史,是接连不断的伤天害理和强取豪夺的历史,这些暴行的唯一目标,就是想在这些州建立专制的暴政。为了证明所言属实,现把下列事实向公正的世界宣布:

他拒绝批准对公众利益最有益、最必要的法律。

他禁止他的总督们批准迫切而极为必要的法律,要不就把这些法律搁置起来暂不生效,等待他的同意;而一旦这些法律被搁置起来,他对它们就完全置之不理。

他拒绝批准便利广大地区人民的其它法律,除非那些人民情愿放弃自己在立法机关中的代表权;但这种权利对他们有无法估量的价值,而且只有暴君才畏惧这种权利。

他把各州立法团体召集到异乎寻常的、极为不便的、远离它们档案库的地方去开会,唯一的目的是使他们疲于奔命,不得不顺从他的意旨。

他一再解散各州的议会,因为它们以无畏的坚毅态度反对他侵犯人民的权利。

他在解散各州议会之后,又长期拒绝另选新议会;但立法权是无法取消的,因此这项权力仍由一般人民来行使。其实各州仍然处于危险的境地,既有外来侵略之患,又有发生内乱之忧。

他竭力抑制我们各州增加人口;为此目的,他阻挠外国人入籍法的通过,拒绝批准其它鼓励外国人移居各州的法律,并提高分配新土地的条件。

他拒绝批准建立司法权力的法律,藉以阻挠司法工作的推行。

他把法官的任期、薪金数额和支付，完全置于他个人意志的支配之下。

他建立新官署，派遣大批官员，骚扰我们人民，并耗尽人民必要的生活物质。

他在和平时期，未经我们的立法机关同意，就在我们中间维持常备军。

他力图使军队独立于民政之外，并凌驾于民政之上。

他同某些人勾结起来把我们置于一种不适合我们的体制且不为我们的法律所承认的管辖之下；他还批准那些人炮制的各种伪法案来达到以下目的：

在我们中间驻扎大批武装部队；

用假审讯来包庇他们，使他们杀害我们各州居民而仍然逍遥法外；

切断我们同世界各地的贸易；

未经我们同意便向我们强行征税；

在许多案件中剥夺我们享有陪审制的权益；

罗织罪名押送我们到海外去受审；

在一个邻省废除英国的自由法制，在那里建立专制政府，并扩大该省的疆界，企图把该省变成既是一个样板又是一个得心应手的工具，以便进而向这里的各殖民地推行同样的极权统治；

取消我们的宪章，废除我们最宝贵的法律，并且根本上改变我们各州政府的形式；

中止我们自己的立法机关行使权力，宣称他们自己有权就一切事宜为我们制定法律。

他宣布我们已不属他保护之列，并对我们作战，从而放弃了在这里的政务。

他在我们的海域大肆掠夺，蹂躏我们沿海地区，焚烧我们的城镇，残害我们人民的生命。

他此时正在运送大批外国佣兵来完成屠杀、破坏和肆虐的勾当，这种勾当早就开始，其残酷卑劣甚至在最野蛮的时代都难以找到先例。他完全不配作为一个文明国家的元首。

他在公海上俘虏我们的同胞，强迫他们拿起武器来反对自己的国家，成为残杀自己亲人和朋友的刽子手，或是死于自己的亲人和朋友的手下。

他在我们中间煽动内乱，并且竭力挑唆那些残酷无情、没有开化的印第安人来杀掠我们边疆的居民；而众所周知，印第安人的作战规律是不分男女老幼，一律格杀勿论的。

在这些压迫的每一阶段中，我们都是用最谦卑的言辞请求改善；但屡次请求所得到的答复是屡次遭受损害。一个君主，当他的品格已打上了暴君行为的烙印时，是不配做自由人民的统治者的。

我们不是没有顾念我们英国的弟兄。我们时常提醒他们，他们的立法机关企图把无理的管辖权横加到我们的头上。我们也曾把我们移民来这里和在这里定居的情形告诉他们。我们曾经向他们天生的正义善感和雅量呼吁，我们恳求他们念在同种同宗的份上，弃绝这些掠夺行为，以免影响彼此的关系和往来。但是他们对于这种正义和血缘的呼声，也同样充耳不闻。因此，我们实在不得不宣布和他们脱离，并且以对待世界上其它民族一样的态度对待他们：和我们作战，就是敌人；和我们和好，就是朋友。

因此，我们，在大陆会议下集会的美利坚联盟代表，以各殖民地善良人民的名义，并经他们授权，向全世界最崇高的正义呼吁，说明我们的严正意向，同时郑重宣布：这些联合一致的殖民地从此是自由和独立的国家，并且按其权利也必须是自由和独立的国家，它们取消一切对英国王室效忠的义务，它们和大不列颠国家之间的一切政治关系从此全部断绝，而且必须断绝；作为自由独立的国家，它们完全有权宣战、缔和、结盟、通商和采取独立国家有权采取的 切行动。

为了支持这篇宣言，我们坚决信赖上帝的庇佑，以我们的生命、我们的财产和我们神圣的名誉，相互保证，共同宣誓。

图书在版编目(CIP)数据

《人权与公民权利宣言》:现代宪法史论/(德)格奥尔格·耶里内克著;李锦辉译.—北京:商务印书馆,2017
(汉译世界学术名著丛书:120年纪念版:珍藏本)
ISBN 978-7-100-14530-5

Ⅰ.①人… Ⅱ.①格… ②李… Ⅲ.①人权—研究 ②公民权—研究 Ⅳ.①D082 ②D911.04

中国版本图书馆CIP数据核字(2017)第152428号

汉译世界学术名著丛书
(120年纪念版·珍藏本)
《人权与公民权利宣言》——现代宪法史论
〔德〕格奥尔格·耶里内克 著
李锦辉 译

商务印书馆出版
(北京王府井大街36号 邮政编码100710)
商务印书馆发行
北京新华印刷有限公司印刷
ISBN 978-7-100-14530-5

2017年12月第1版　开本 710×1000 1/16
2017年12月北京第1次印刷　印张 5¼
定价:28.00元